# LIDERANDO DESDE

# LA

# SEGUNDA SILLA

Cómo liderar sin una posición de liderazgo

por

Dr. Abraham Manase

# Información Registrada



Dr. Abraham Manase
Sitio web: www.drmanasase.com
Correo electrónico: Abraham@drmanase.com
Liderando desde la Segunda Silla: Cómo liderar sin una posición de liderazgo.


ISBN: 978-1-7369389-4-2

Edición: Karen Simmering
Diseño de portada: Ariana Knox
Traductor: Arlene Valdivia



Impreso en los Estados Unidos de América

# LIDERANDO DESDE LA SEGUNDA SILLA

## Cómo liderar sin una posición de liderazgo

# Dedicación

Este libro está dedicado a mis padres, mi difunto padre Jonasi Manase y mi madre Margaret Mphephu "N'waMhelembe" Manase, quienes siempre me animaron a estudiar. Mi padre solía decir: "Una pluma es más poderosa que una espada." ... ¡Él estaba en lo correcto!

# Recomendaciones

¡PRAGMÁTICO! "Tratar las cosas con sensatez y realismo de una manera que se basa en consideraciones prácticas más que teóricas". Esa es la primera palabra que vine a mi mente cuando leo "Liderando desde la segunda silla". Porque, al considerar el tema indispensable del liderazgo y los equipos de liderazgo como lo hace este libro, el pragmatismo es precisamente lo que necesitamos.

Si este libro no es otra cosa (y, con toda seguridad, es mucho más), se trata de consejo fácilmente práctico. La orientación que se encuentra en este libro nace de la amplia experiencia personal del Dr. Manase de servir en puestos de autoridad delegada y muchos ejemplos de otros en puestos de liderazgo de "la segunda silla" y responsabilidades delegadas. Recomiendo encarecidamente este libro como lectura obligatoria para cualquier equipo de liderazgo.

- Dr. Príncipe Mauricio Parker
Profesor de Teología- Facultad de Teología
Asambleas de Dios, La Carlota, Córdoba, España

Shalom, Jesús es el dueño de la iglesia; Él siempre dice: "Venid a mí y aprended de mí". Por lo tanto, está liderando desde la primera silla. Nombró a algunos para que fueran apóstoles, profetas, evangelistas, maestros y pastores a fin de equipar a los cristianos para la obra del ministerio. Mirando a Cristo como nuestra primera silla, todos ocupamos y dirigimos desde la segunda silla. El de la primera silla es la

Roca, sobre la cual está edificada toda la iglesia. Este libro, Liderando desde la Segunda Silla, ayudará y guiará a nuestros líderes de todas las esferas de la vida a entender que liderar no es un puesto, sino una función y responsabilidad. No tienes que ser elegido para ser un líder.

Gracias, Dr. Manase, por desenterrar un tesoro tan escondido en usted. Alabamos al Señor por Sus obras maravillosas y por usarle para cambiar tantas vidas en todo el mundo. Recomiendo que todos los que están en cualquier forma de liderazgo o sirviendo en cualquier capacidad lean este libro. Una vez que lo lea, nunca verá ni entenderá su posición de la misma manera que lo hacía antes.

Bendiciones.

-Dr. Obispo Moses N Shipalana
Misión de Fe Apostólica, Iglesia Fuente de Vida,
Sudáfrica

Recomiendo el libro, Liderando desde la Segunda Silla, especialmente porque conozco muy bien al autor. El Dr. Abraham Manase es mi amigo y escribe desde su experiencia personal. Para aquellos de ustedes que no lo conocen, quiero hacerle saber que a pesar de que es una persona muy realizada en la vida, en el ministerio y académicamente, siempre está sirviendo con excelencia. La primera vez que lo conocí en Estados Unidos, estaba sirviendo a su pastor ya mi equipo con humildad y excelencia. Usaré este libro para capacitar y desarrollar nuestro liderazgo en Brasil y otros países que visitaré. Hay mucha sabiduría en este libro, gracias.

-Pastor Daniel Procopio
Iglesia Internacional Novo Dia, Sao Paulo, Brasil

Conozco al Dr. Manase desde hace más de tres décadas. Lo he conocido personalmente desde la escuela secundaria como un hermano en Cristo y un compañero de escuela. Desde sus años de formación como joven, el Dr. Manase siempre ha sido un líder influyente. Tuvo gran influencia en la iglesia, la comunidad local y el Movimiento Estudiantil Cristiano (SCM). Es un líder notable y digno de confianza, un hermano fiel y un querido amigo para mí. Es un hombre humilde con un corazón de líder servidor y siempre influyente como la levadura en la masa. En esta joya, *Liderando desde la Segunda Silla*, el Dr. Manase toca los aspectos vitales de servir como asistente bajo el líder principal. En la mayoría de los casos, nunca escuchas sobre las personas que lideran desde la segunda silla, hasta que son designados como líderes principales. El Dr. Manase aborda problemas importantes que, si no se atienden, podría impedir el inicio mismo, progreso y desarrollo del liderazgo. Sigue enfatizando que el liderazgo es diferente de una posición. Con delicadeza y profundidad, analiza el liderazgo como una vocación, en lugar de un mero título.

Te garantizo que Dios está a punto de cambiar tu destino mientras lees este libro. Recomiendo encarecidamente este libro a todos los que se toman en serio llevar sus habilidades de liderazgo al siguiente nivel, ya sea en el mercado o en el ministerio. Este libro ha sido publicado para un momento como este para afectar, influenciar, instalar y provocar un cambio en la vida de cada lector, en su servicio,

-Pastor Sifiso Hendrick Chauke

Ministerios de la Iglesia Kingdom Faith, Milton, Keynes

Reino Unido

Gracias, Dr. Abraham Manase, por bendecir al mundo con una obra tan valiosa que cambia vidas. Por la gracia de Dios he estado sirviendo en roles de liderazgo durante los últimos 35 años. Serví como líder de la segunda silla durante 15 años y como líder de primera durante 20 años. Me encantaría agradecer al Dr. Manase por esta poderosa herramienta de liderazgo única.

Una de las razones por las que hay tanta frustración y la ascensión prematura al liderazgo de la primera silla es la falta de conocimiento y aprecio por el liderazgo de la segunda silla. Desafortunadamente, esto generalmente resulta en el aborto de grandes destinos. Me gustaría recomendar encarecidamente este libro a todos los líderes, tanto a los de primera como a los de segunda silla. Este libro nos ayudará a desempeñar nuestro papel como líderes en armonía, sin luchas ni conflictos innecesarios. Esto es más que un libro; lo veo como un valioso manual de capacitación en liderazgo. El libro también aborda los temas de los planes de sucesión en el liderazgo, un tema que rara vez se toca. Una vez más, gracias, Dr. Manase, por empoderar a cada líder con este manual de liderazgo.

Gracias.

-Pastor Strike Manganyi
Supervisor General de las Iglesias de la Familia Manna
Tabernacle, Sudáfrica

*Liderando desde la Segunda Silla* es un auténtico manual para el liderazgo del siglo XXI. En este libro, el Dr. Abraham

Manase aporta conocimiento revelador sobre cómo cada uno de nosotros puede crear un impacto desde cualquier nivel o posición en la que se encuentre en nuestra organización, con o sin título. Su enfoque de liderazgo resuelve las crisis más comunes en el liderazgo organizacional de la iglesia, de hecho, en cualquier organización. *Liderando desde la Segunda Silla* proporciona la estrategia necesaria para formar líderes fuertes y empoderarlos para que sirvan a su máximo potencial al tiempo que reconocen los desafíos únicos de servir en una posición subordinada. Por último, pero no menos importante, este libro equipa a los líderes con la actitud, las habilidades y el conocimiento de manera práctica para mejorar el desempeño de sus organizaciones. ¡¡¡Esta es una lectura obligada para cualquiera en liderazgo!!!

En su Reino

-Dr. Mishael Carson

Misiones a los Balcanes, Polonia.

# Prefacio

En octubre de 2009, me senté solo en un banco con vistas a un bosque de árboles de mango en Tzaneen, Sudáfrica. Yo era el líder de un equipo de 26 misioneros de corto plazo y acabábamos de concluir nuestro trabajo ministerial y nos estábamos preparando para regresar a los Estados Unidos. Estaba pensando en el lanzamiento de New Day Christian Fellowship en Corona, California, que se llevaría a cabo en unas pocas semanas. Nunca había considerado ser pastor principal. Había estado muy cómodo apoyando a mi pastor principal, pero Dios tenía otros planes para mí.

Abraham Manase, originario de Sudáfrica, pero ahora ciudadano estadounidense, me informó que él y su familia serían miembros fundadores de esta nueva iglesia. Ninguno de nosotros sabíamos con certeza lo que nos esperaba, pero confiábamos en que Dios estaba con nosotros. De hecho, lo fue, y el lanzamiento de la iglesia fue un éxito.

Si bien la asistencia de nuestra iglesia local aumentó gradualmente a lo largo de los años, lo que nos sorprendió a todos fue el impacto significativo de nuestro alcance internacional. Para octubre de 2019, nuestra red incluía 22 iglesias en América del Norte y del Sur, Asia y varias naciones africanas.

Durante el transcurso de este tiempo, Abraham Manase fue ordenado como anciano de la iglesia en New Day. No solo supervisa varios ministerios en nuestra iglesia local, sino que también ha brindado una gran cantidad de capacitación doctrinal y de liderazgo a

miles de líderes de iglesias en otras naciones.

He sido testigo de primera mano de la gran habilidad del Anciano Manase en liderar una organización desde una posición secundaria. Maneja bastante bien la tensión interna entre la satisfacción y la progresión. Mis compañeros pastorales me comentan continuamente: "¡Necesito un Abraham!"

El anciano Manase también se destacó en su carrera, donde recibió numerosos ascensos. Da prioridad a la educación y el desarrollo profesional. Recibió su título de doctorado en administración de empresas. Menciono esto porque incluso con las demandas de la familia, su ajetreada carrera y sus esfuerzos educativos, el Dr. Manase agrega fielmente valor a la Red Global de iglesias Nuevo Dia.

Me apasiona mucho la pregunta que Jesús nos hace en Lucas 16:12: "Y si en lo ajeno no fuisteis fieles, ¿quién os dará lo que es vuestro?" ¿Es posible que no hayas recibido lo nuestro por no haber servido fielmente en lo que es de otro hombre?

*Liderando desde la Segunda Silla* le ayudará mucho. Lea despacio. Tome notas copiosas. Reflexiona sobre la marcha. Que los ojos de vuestro entendimiento sean iluminados (Efesios 1:18).

Bendiciones,

-Obispo Tony Dunn
New Day Global Network

# Introducción

Siempre me ha fascinado ver que a algunas organizaciones les va bien; sin embargo, algunos no tienen éxito en el mismo entorno y mercado. Lo mismo aplica a las iglesias: hay algunas iglesias que prosperan y hay otras que luchan. Uno de los principales factores que contribuyen a determinar el éxito de cualquier organización es el liderazgo. Como siempre dice John Maxwell, "Todo sube y baja con el liderazgo". La comprensión de la gente del concepto de liderazgo hace una gran diferencia en cualquier iglesia u organización.

Los conceptos y su interpretación son cruciales. Todos nos comportamos y respondemos a situaciones basadas en nuestra comprensión de los conceptos. El concepto de liderazgo a menudo se malinterpreta. Muchas personas asocian el liderazgo con el puesto, por lo que esperan y no hacen nada, esperando que el llamado "liderazgo" haga algo por su situación. He visto muchas luchas internas entre los líderes de organizaciones, ministerios e iglesias. La gente lucha por posiciones porque está convencida de que la única forma en que uno puede liderar, servir o marcar la diferencia es cuando tiene una posición. Todos pueden hacer una diferencia en la iglesia; nadie debe socavarse a sí mismo. Si crees que eres insignificante, significa que nunca has dormido con un mosquito en tu habitación.

La mayoría de los libros de liderazgo se centran en el líder principal de la organización, como el pastor principal, el director ejecutivo de la empresa y el director de la escuela. Unos pocos libros se centran en el asistente o su personal de apoyo.

Este libro se enfoca más en cualquier persona que esté sirviendo bajo el liderazgo de alguien como un pastor asistente, vicepresidente, administrador asistente, subdirector, anciano de la iglesia, diácono o cualquier persona que desempeñe un papel de apoyo. En mis muchos años de experiencia en liderazgo y mis viajes internacionales, a medida que interactúo con líderes a nivel mundial, he notado que hay muchas personas que luchan por estar en puestos de segundo presidente o asistente.

En este libro me gustaría aportar un ángulo y una visión diferente del liderazgo. Me centraré en cómo puede liderar y marcar una diferencia positiva incluso cuando no tiene un puesto. Sí, puedes liderar sin un puesto. Notaremos que hay una diferencia entre liderazgo y posición. Ilumina el rincón donde te encuentres.

# TABLA DE CONTENIDO

Información Registrada....................................ii

Dedicación......................................................iv

Recomendaciones..............................................v

Prefacio ............................................................x

Introducción....................................................xii

AGRADECIMIENTOS ..............................xvi

Capítulo 1: Liderazgo Exitoso..........................1

Capítulo 2: Liderazgo de Segunda Silla...........8

Capítulo 3: Timoteo........................................10

Capítulo 4: José...............................................21

Capítulo 5: Aarón............................................27

Capítulo 6: Eliseo............................................33

Capítulo 7: Juan Marcos.................................41

El Papel del Líder de Segunda Silla...............56

Capítulo 8: Entienda los Limites de su Autoridad..57

Capítulo 9: Sumisión.......................................64

Capítulo 10: Pasar de Dependencia a Interdependencia ..............................................70

Capítulo 11: El Trabajo En Equipo Hace Que El Equipo Funcione...............................................................75

Capítulo 12: Manejar la Tensión de Contentamiento-Sueños 81

Capítulo 13: Deja un Legado..........................85

Capítulo 14: Mira a tu Líder Principal Como Un Regalo de Dios..........................................................91

Capítulo 15: Como Dejar Tu Iglesia .............95

Capítulo 16: Ora por tus líderes y sus familias..101

Capítulo 17: Concéntrese en Hacer la Visión de su Pastor Una Realidad ................................................. 104

Capítulo 18: Sea Una Fuente de Aliento y Aprecie a Su Líder 106

Capítulo 19: Dios Ama a las Personas FDE

Sea Fiel, Disponible y Educable ................. 110

Capítulo 20: Mantén un Espíritu Positivo.. 119

Capítulo 21: Comunícate con tu Pastor...... 122

Capítulo 22: Recibe las Advertencias Con Gracia…126

Capítulo 23: Se Un Líder Ejemplar............ 129

Capítulo 24: Como Aumentar Tu Valor en Tu Organización 131

Conclusión..................................................... 145

Notas ............................................................. 146

Autor ............................................................. 147

# AGRADECIMIENTOS

En primer lugar, y, ante todo, alabanza y agradecimiento a Dios Todopoderoso por la fuerza y la ayuda que me brindó para completar la escritura de este libro.

No puedo expresar lo suficiente el agradecimiento al amor de mi vida, mi cariñosa y solidaria esposa Mihloti Manase. Muchas gracias por siempre creer en mí y confiar en que puedo hacer más y mejor aun cuando no lo hice. También me gustaría expresar mi más profundo agradecimiento a mis hijos (Nsovo, Timothy y Hope) por su gran apoyo, paciencia y ánimo. Si no fuera por su apoyo, este libro no se habría realizado. Fueron pacientes conmigo durante innumerables horas y noches de insomnio que pasé en la oficina trabajando en la investigación y cumpliendo con los plazos del proyecto.

El Obispo Tony Dunn siempre ha sido una fuente de inspiración para mí. Dios se cruzó en nuestros caminos con un propósito más grande de lo que podíamos imaginar. Él siempre ha estado con nosotros en nuestros momentos difíciles y desafiantes. *Liderando desde la segunda silla* vino como resultado de que él me dio la oportunidad de investigar más sobre este oscuro tema, y siempre me ofreció la oportunidad de practicar estos principios bajo su liderazgo en New Day Christian Fellowship.

No puedo olvidar a mis mejores amigos, los pastores Thomas y Sonti Mbungana; y los pastores Aubrey y Constance Shikwambana. Hemos sido amigos desde la niñez, crecimos juntos, nos hicimos amigos de la familia e hicimos mucho trabajo ministerial juntos tanto a nivel local como internacional, su aliento y confianza en mí siempre ha sido tremendo.

Hay tantos pastores bajo los cuales serví en los pasados 30 años, incluyendo el obispo Moses Shipalana, el pastor Adolph Machimana y el obispo Ed Smith. Ellos me hicieron quien soy hoy al darme la oportunidad de servir bajo su liderazgo.

Un agradecimiento especial a todos los que se tomaron su tiempo para leer mi manuscrito, especialmente a mi editora, Karen Simmering, quien siempre fue minuciosa y puntual.

# PARTE A
# Capítulo 1
# Liderazgo Exitoso

*Trabaja de buena gana en todo lo que hagas, como si estuvieras trabajando para el Señor y no para las personas.*
*(Colosenses 3:23 NTV)*

John Maxwell define el liderazgo como simplemente influencia. Tener influencia significa tener un efecto sobre la condición, o afectar o alterar por medios indirectos o intangibles. La influencia no es cohesión sino la capacidad de una persona para producir efectos sobre las acciones, el comportamiento y las opiniones de los demás. Las personas siguen voluntariamente a un líder efectivo porque creen que sus vidas cambiarán. Cuando eres un buen líder, las personas no te seguirán por manipulación, fuerza, posición o cohesión, sino que te seguirán voluntariamente porque tienes un impacto positivo en sus vidas. El liderazgo no es una posición, sino una influencia. Las personas se ofrecen como voluntarias para seguir a sus líderes, no a sus posiciones. Cuando tienes habilidades de liderazgo, la gente lo nota y te seguirá. He estado en una escuela donde un maestro tuvo más influencia en el personal y los estudiantes que el director. El director tenía una posición o título, mientras que el maestro era el líder.

Los líderes transformacionales ayudan a las personas a alcanzar sus metas. Una vez que una persona descubra que usted está genuinamente interesado en su crecimiento, se volverá leal a usted como su líder. Los líderes generan confianza en función de cómo tratan a las personas. No se puede liderar a las personas sin una base de confianza. Si la gente no confía en usted, ellos harán que sea difícil para usted guiarlos. No puedes liderar con éxito a personas que sospechan de ti. Si tiene un desafío para liderar a su gente, verifique el nivel de confianza en esa organización o estructura. Algunas habilidades y prácticas de liderazgo esenciales que podrían ayudar a generar confianza son el autodesarrollo, el desarrollo de equipos, la innovación, el pensamiento estratégico y la actuación ética.

El liderazgo transformacional es el enfoque que provoca el cambio en los individuos y los sistemas sociales. Los líderes transformacionales crean cambios valiosos y positivos en los seguidores con el objetivo final de convertir a los seguidores en líderes. El liderazgo transformacional se centra en la consideración individualizada, la estimulación intelectual, la motivación inspiradora y la influencia idealizada.

Los líderes exitosos convierten la crisis en una oportunidad.

El capitán Chesley Burnett "Sully" Sullenberger es un piloto de combate de la Fuerza Aérea estadounidense retirado y capitán de una aerolínea. Es mejor conocido por su papel como piloto al mando en el abandono del vuelo 1549 de US Airways en 2009 en el río Hudson frente a Manhattan, Nueva York, después de que ambos motores quedaran inutilizados por el impacto de un pájaro; las 155 personas a bordo sobrevivieron. Ahora es un orador sobre seguridad de la aviación y ha ayudado a desarrollar nuevos protocolos para la seguridad de las aerolíneas. Antes de este incidente, el Capitán Sully era solo un piloto como cualquier otro piloto. Fue necesario un incidente para revelar sus habilidades de liderazgo y experiencia. Cuando su organización atraviesa una crisis, en lugar de ser un empleado, residente o miembro ordinario, emerja como un líder que aporta soluciones a la situación. No llores, no te quejes ni culpes, aprovecha la crisis para mostrarte como un líder.

La palabra china para "crisis" es pinyin; los mismos caracteres chinos para pinyin se usan para "peligro" y "oportunidad." Cuando haya una crisis, pregúntate cómo puedes usarla como una oportunidad. Se trata de mentalidad y perspectiva. No me refiero a utilizar el dolor de las personas para manipularlas y beneficiarte de su miseria. Podrías aprovechar la oportunidad para beneficio mutuo. De hecho, una empresa solo tiene éxito si satisface las necesidades de la comunidad a la que sirve. Siempre aconsejo a la gente sobre dos principios fundamentales en los negocios: en primer lugar, nunca entre en un negocio si no comprende cómo funciona. Hay muchas personas que hacen fortuna a través de inversiones en bolsa; sin embargo, también conozco a muchas personas que ingresaron al mercado de valores sin entender cómo funciona y perdieron todas sus inversiones. si no tiene sentido para usted, no arriesgue su dinero hasta que comprenda en qué está invirtiendo el dinero que tanto le costó ganar.

El segundo consejo es asegurarse de que su negocio sirva lo que la comunidad actual necesita. Viví en el sur de California durante más de 20 años y he visto algunas ciudades y comunidades que pasaron por una transformación demográfica. Algunas tiendas de comestibles prosperaron a medida que crecía la población hispana. Estos son los negocios que evolucionaron con los cambios demográficos; cuando notaron el aumento de la población hispana, evolucionaron y empezaron a vender más comida hispana. Viví en Anaheim al lado de Disneyland por muchos años, y observé que supermercados como Albertsons comenzaban a cerrar sus puertas. La razón por la que estas tiendas estaban cerrando es porque el liderazgo se resistió a las nuevas realidades; no querían cambiar y empezar a vender comestibles hispanos. Lo mismo sucedió con empresas como Blockbuster, que alquilaban películas en casete VHS. Se negaron a cambiar a la era digital y se vieron obligados a cerrar porque el mundo se convirtió a digital. Ahora la gente ve películas en Netflix, Hulu, Amazon Prime, YouTube TV y otros. Ya nadie va a la tienda a alquilar una película. Como líder, no se vuelva irrelevante como Albertsons y Blockbuster.

Cada persona que está bajo su liderazgo tiene una necesidad y, como líder transformacional, tiene la oportunidad de ayudarla a satisfacer esa necesidad. Cuando satisface las necesidades de las personas, se convierte en un líder exitoso. Las personas siempre siguen a un líder que se enfoca en ayudarlos a crecer. Siguen a un líder que muestra un interés genuino en su crecimiento y desarrollo.

He notado que los líderes verdaderos, fuertes y genuinos suelen surgir cuando hay una crisis porque siempre se enfocan en encontrar soluciones para las crisis, necesidades o problemas de las personas. A veces no tienes que resolver su problema, pero puedes darles consejos o, como mucho, escucharlos. En la

mayoría de los casos, las personas solo necesitan ser escuchadas. Situaciones, crisis y problemas crean o revelan un verdadero liderazgo. Dios siempre traerá situaciones que crean oportunidades para que usted lidere. Cuando vea una situación de crisis en su iglesia, comunidad u organización, véala como una oportunidad para que guíe a la organización hacia una solución, sin importar cuál sea su posición. Ore y pídale a Dios que le dé sabiduría para liderar.

## Sea un líder solucionador de problemas

Cuanto más grandes sean los problemas que resuelva, más valor agregará a la organización. Si desea ser reconocido como un miembro valioso de la junta, el comité, la organización o la iglesia, identifique las áreas en las que la organización tiene desafíos y aporte una solución al área. Si la organización tiene serios desafíos con la gestión de sus finanzas, puede capacitarse para ser el mejor contador y ayudar a mejorar la organización con la gestión financiera. En caso de que tengan que despedir a la gente, serás el último en dejar la empresa porque ven valor en ti.

Recuerde, cuanto más grandes sean los problemas que resuelva, más le pagarán. En circunstancias normales, las personas que ganan salarios más altos son las que aportan soluciones a los desafíos más grandes de la sociedad. Las prioridades de las personas importan; están dispuestos a pagar tanto como puedan, siempre que les ayude a resolver sus problemas. Esa es la razón por la que, según Forbes, se dice que las siguientes industrias son las industrias más ricas en la actualidad: servicios financieros, tecnología, atención médica, bienes raíces y construcción, comunicaciones, alimentos, manufactura, educación, energías renovables, entretenimiento y moda y comercio minorista.

Su valor en la organización se basa en su contribución a su éxito. Generalmente, las personas que resuelven grandes problemas son las que ganan más. La gente te respeta más cuando traes soluciones a sus situaciones, no cuando les traes más problemas. La próxima vez que se acerque a su pastor, supervisor o gerente, dele una explicación de la situación actual y el problema, luego, antes de terminar, sugiera algunas posibles soluciones. No se siente al otro lado del escritorio y los mire fijamente y espere que traigan una solución a su crisis. Todos los gerentes aman a las personas que les brindan soluciones; les hace la vida más fácil.

Las organizaciones y los líderes exitosos no tienen miedo de contratar a personas mejores que ellos. Cuando seas asistente de tu líder, no seas asistente por título; debes convertirte en ese valioso asistente dedicado. Cuando eres un buen líder, se mostrará en los resultados. Como siempre se dice, los números no mienten, un buen liderazgo redunda en el éxito de la organización. Todo sube y baja con el liderazgo. Tengo un principio que llamo la "regla del 80". El ochenta por ciento de los problemas en cualquier organización son causados por un liderazgo deficiente y el 80 por ciento de las soluciones provienen del liderazgo correcto. De hecho, cuando las personas dejan la organización, iglesia, empresa o cualquier institución, en la mayoría de los casos no están dejando la organización, sino sus líderes, gerentes o supervisores.

## Siendo un gran líder visionario

Los grandes líderes pueden liderar sin un puesto; hay muchas cosas que podría hacer sin un puesto. Podría concentrarse en resolver problemas, traer soluciones a una situación y dar instrucciones cuando las personas no saben qué hacer. A veces, las personas solo necesitan a alguien que ore con ellas durante una crisis; ese es un gran liderazgo espiritual allí mismo. No necesita ser votado en una posición para orar con alguien.

Los grandes líderes tienen una visión. Son capaces de ver lo que otros no pueden ver. La visión puede no significar necesariamente la vista, sino la capacidad de ver más allá del presente. La visión es la función del corazón, mientras que la vista es la función del ojo. Los líderes tienen una iglesia, familia u organización ideal que quieren construir. Es posible que la organización aún no exista, pero podrían compartir con usted lo que ven que sucederá en el futuro. Podrían darte las pulgadas cuadradas o los metros cuadrados de lo que quieren construir. La visión es el anteproyecto de cualquier organización. Los grandes líderes están embarazados de una visión. Los grandes líderes que lo han visto antes de que sucediera tienen confianza y fuertes convicciones como Martin Luther King y Nelson Mandela. Cuando tienes la visión, y has visto por dónde vas, nadie puede Convencerte de lo contrario. Los líderes tienen una fuerte convicción. Si no le das a la gente una visión, se les ocurrirá la suya propia. Es difícil servir cuando la visión no es clara.

# PARTE B
# Capítulo 2
# Liderazgo de Segunda Silla

## ¿Qué es un líder de segunda silla?

Un líder de segunda silla es alguien en un rol subordinado cuya influencia con otros agrega valor a través de la iglesia u organización. Es importante entender que, en última instancia, en el Reino de Cristo, sin importar su posición de servicio en su organización, iglesia, comunidad o gobierno, todos estamos en la segunda silla porque todos nos sometemos a Cristo como cabeza de la Iglesia. Los líderes de la segunda silla lideran incluso cuando no son los principales líderes de la organización. Tienen influencia incluso sin una posición. Se enfocan en servir y ayudar a las personas. El verdadero liderazgo se centra en mejorar la vida de otras personas y les ayuda a crecer. Los grandes líderes dejan su organización en mejor forma que cuando entraron. Dejan la organización en una mejor posición financiera, espiritual y más fuerte de lo que la encontraron. Los grandes líderes tienen un impacto en las organizaciones y en la vida de las personas que lideran. Las personas deberían sentirse mejor o en una mejor posición emocional que antes de conocerte. Lo más importante en lo que se enfocan los

líderes de la segunda silla es en lograr un impacto. Uno puede ser un gran líder sin una posición.

## Líderes de segunda silla en la Biblia

La Biblia está llena de líderes que hicieron un gran trabajo como líderes de segunda silla y líderes asistentes. Veremos los siguientes cinco ejemplos: Timoteo, José, Aarón, Eliseo y Juan Marcos.

# Capítulo 3
# Timoteo

*Me has oído enseñar verdades, que han sido confirmadas por muchos testigos confiables. Ahora enseña estas verdades a otras personas dignas de confianza que estén capacitadas para transmitirlas a otros. (2 Timoteo 2:2 NTV)*

Timoteo aparece en el Nuevo Testamento como el asistente de mayor confianza de Pablo. Timoteo probablemente nació en Listra, hijo de madre judía, Eunice, y padre griego gentil. Se sabe poco sobre su padre, y nunca se dan pruebas sobre su cristianismo. Posiblemente, fue Pablo quien llenó los zapatos de un padre espiritual para Timoteo. Las Escrituras muestran que Eunice se convirtió y se hizo cristiana (Hechos 16:1; 2 Timoteo 1:5). Timoteo tenía unos dieciséis años cuando él y su madre se convirtieron al cristianismo. El nombre de la madre de Eunice (la abuela de Timoteo) era Loida, y ella también se hizo cristiana, posiblemente durante el primer viaje evangelístico de Pablo a la ciudad en Hechos 14.

Pablo conocía a tres generaciones de esta familia. Conocía a la abuela de Timoteo, Loida, a su madre, Eunice, y al mismo Timoteo. Pablo creía tanto en el valor de tres generaciones, lo enfatizó cuando le dio a Timoteo las instrucciones finales. Instruyó a Timoteo para que enseñara lo que había aprendido a hombres fieles, quienes a su vez enseñarían a otros.

El Nuevo Testamento describe la relación que existió entre la familia de Pablo y Timoteo durante más de 20 años. Como un líder, debe tomarse el tiempo para conocer a sus discípulos, miembros del equipo, aprendices y sucesores en el ministerio. Haga todo lo posible por conocer y comprender a sus familias como individuos. Pablo entendió que Timoteo era una persona que provenía de una familia, y honró eso. Esto facilitó que Pablo aconsejara a las iglesias que Timoteo visitaría y les diría cómo debían tratar a Timoteo cuando viniera.

Jesús también enfatizó la importancia de conocer a la persona a la que estás asesorando. "Mis ovejas escuchan mi voz; Yo las conozco y ellas me siguen." (Juan 10:27 NTV) Tienes que mostrar interés personal en las personas como un buen líder; no trate a las personas como un grupo sino como individuos. Las personas no son herramientas sino seres humanos con sentimientos y emociones. Sea considerado cuando trate con ellos.

Pablo tenía un vínculo muy estrecho con Timoteo; por lo general, se dirigía a él como "mi hijo Timoteo". (1 Corintios 4:17; 1 Timoteo 1:18; 2 Timoteo 1:2) Pablo consideraba a Timoteo un verdadero hijo en la fe porque probablemente lo guio a él, a su madre y a su abuela a la fe en Jesús en su primer viaje misionero. "5 Recuerdo tu fe genuina, porque compartes la fe que servidor, misionero, mensajero, maestro, predicador primero llenó a tu abuela Loida y a tu madre, Eunice. Y sé que esa misma fe sigue fuerte en vosotros. 6 por eso les recuerdo que aviven las llamas del don espiritual que Dios les dio cuando les impuse las manos". (2 Timoteo 1:5, 6 NTV)

Timoteo se unió a Pablo y Silas en su segundo viaje misional y viajó con ellos por la actual Turquía. Cuando Timoteo tenía unos 21 años, Pablo lo recogió en su segundo viaje misionero (Hechos 16:1).

Timoteo sirvió de cerca bajo el ministerio de Pablo por el resto de su vida. Pablo invirtió mucho tiempo, atención y energía en entrenarlo. Viajó mucho con Timoteo, entrenándolo deliberadamente y exponerlo a una intensa experiencia ministerial. Pablo dejó a Timoteo con la iglesia en Éfeso para que Timoteo pudiera ayudarlos. Fue mientras servía a esta iglesia que recibió las dos epístolas (cartas) que llevan su nombre, la 1ra y 2da de Timoteo en la Biblia

Pablo también presentó gradualmente a Timoteo a todas las iglesias que había establecido. En la mayoría de sus cartas, Pablo se aseguró de que estas iglesias supieran acerca de Timoteo. Pablo entrenó a Timoteo para hacer todo lo que había aprendido a lo largo de los años en el ministerio. Por mucho tiempo, pensé que Pablo entrenó a Timoteo para ser un buen predicador del evangelio únicamente; sin embargo, cuanto más estudiaba la Biblia, más descubría que él lo entrenó en muchas áreas. Pablo entrenó a Timoteo

para que fuera excelente como escritor asistente, líder y evangelista. Pablo sabía que Timoteo necesitaría todas estas habilidades para tener éxito en el ministerio. Las siguientes escrituras reflejan lo que Pablo entrenó a Timoteo para que hiciera.

## Escritor asistente - Timoteo ayudó a Pablo a escribir seis libros de la Biblia.

*Yo, Pablo, elegido por la voluntad de Dios para ser un apóstol de Cristo Jesús, escribo esta carta junto con nuestro hermano Timoteo. Va dirigida a la iglesia de Dios en Corinto y a todo su pueblo santo que está en toda Grecia. (2 Corintios 1:1 NTV)*

*Esta carta es de Pablo y Timoteo, esclavos de Cristo Jesús. Le escribo a todo el pueblo santo de Dios en Filipos que pertenecen a Cristo Jesús, incluidos los líderes de la iglesia y los diáconos. (Filipenses 1:1 NTV)*

*Esta carta es de Pablo, elegido por la voluntad de Dios para ser apóstol de Cristo Jesús, y de nuestro hermano Timoteo. (Colosenses 1:1 NTV)*

*Esta carta es de Pablo, Silas y Timoteo. Nos dirigimos a la iglesia de Tesalónica, a vosotros que sois de Dios Padre y del Señor Jesucristo. Que Dios les dé gracia y paz. (1 Tesalonicenses 1:1 NTV)*

*Esta carta es de Pablo, Silas y Timoteo. Nos dirigimos a la iglesia de Tesalónica, a vosotros que sois de Dios nuestro Padre y del Señor Jesucristo. (2 Tesalonicenses 1:1 NTV)*

*Esta carta es de Pablo, preso por predicar la Buena Nueva de Cristo Jesús, y de nuestro hermano Timoteo. Le escribo a Filemón, nuestro amado colaborador. (Filemón 1:1 NTV)*

## Siervo líder - Él sirvió fielmente

*Pero ya sabes cómo se ha probado Timoteo. Como un hijo con su padre, ha servido conmigo en la predicación de la Buenas Nuevas. (Filipenses 2:22 NTV)*

## Misionero - participó en la segunda jornada misionera de la iglesia.

*3 Entonces Pablo quería que él [Timoteo] se uniera a ellos en su viaje. En deferencia a los judíos de la zona, dispuso que Timoteo fuera circuncidado antes de que se fueran, porque todos sabían que su padre era griego.*
*4 Entonces fueron de pueblo en pueblo, instruyendo a los creyentes a seguir las decisiones tomadas por los apóstoles y ancianos en Jerusalén. (Hechos 16:3-4 NTV)*

## Mensajero - fue enviado a entregar mensajes y visitó iglesias.

*Por eso he enviado a Timoteo, mi amado y fiel hijo en el Señor.*
*Él te recordará cómo Sigo a Cristo Jesús,*
*así como enseño en todas las iglesias dondequiera que voy. (1 Corintios 4:17 NTV)*

*Si el Señor Jesús está dispuesto, espero enviarte pronto a Timoteo para que te visite.*
*Entonces él puede animarme diciéndome cómo te está yendo. (Filipenses 2:19 NTV)*

*Pero ahora Timoteo acaba de regresar y nos trae buenas noticias acerca de la fe y el amor de ustedes.*
*Nos contó que*
*siempre recuerdan nuestra visita con alegría y que*
*desean vernos tanto como nosotros deseamos verlos a ustedes.*
*(1 Tesalonicenses 3:6 NTV)*

## Maestro—Pablo enfatizó la importancia de enseñar a Timoteo

*Timoteo, si explicas estas cosas a los hermanos, serás undigno servidor de Cristo Jesús,*
*que se nutre del mensaje de la fe y de la buena enseñanza que has seguido.*
*(1Timoteo 4:6)*

*Enseñe estas cosas e insista en que todos las aprendan. (1 Timoteo 4:11)*

*Hasta que llegue allí, concéntrese en leer las Escrituras a la iglesia,*
*alentar a los creyentes y enseñarles. (1 Timoteo 4:13)*

*Vigila de cerca cómo vives y cómo enseñas.*
*Mantente fiel a lo que es correcto por el bien de tu propia salvación*
*y la salvación de aquellos que te escuchan. (1 Timoteo 4:16)*

## Predicador—Él aconsejó a Timoteo que estuviera siempre listo para predicar la Palabra

*Predica la palabra de Dios. Esté preparado, ya sea que el momento sea favorable o no.*
*Con paciencia corrige, reprende y anima a tu pueblo con buenas enseñanzas. (2 Timoteo 4:2 NTV)*

## Evangelista—Pablo entrenó a Timoteo para priorizar el evangelismo en el ministerio

*Pero tú sé sobrio en todo, soporta las aflicciones, haz obra de evangelista, cumple tu ministerio. (2 Timoteo 4:5 NVI)*

## Segunda carta de Pablo a Timoteo

Pablo escribió su segunda carta a Timoteo cuando se acercaba a su muerte en Roma. La carta estaba llena de muestras de amabilidad, ternura e instrucciones finales del ministerio mientras entregaba la batuta. A medida que la leías, especialmente el último capítulo, podías sentir que se trataba de una carta llena de emociones encontradas. Era una carta sobria pero muy emotiva escrita a su querido discípulo y se considera con razón como la última comunicación escrita con él.

No hubo tiempo para muchas palabras en esta carta, ni otra oportunidad para una carta más, y Pablo probablemente sabía que esta era su última comunicación con su amado que trabajó con él en el ministerio durante años de este lado del cielo. Esta carta probablemente fue escrita pocas semanas antes de su muerte. Pablo, como un verdadero apóstol que escucha a Dios, ve venir su inminente partida de esta tierra, y no reprime sus verdaderos sentimientos, emociones y anhelos más profundos. Envió las instrucciones finales a su aprendiz, Timoteo, un joven en quien había invertido todo lo que tenía y todo lo que sabía.

La última carta de Pablo se volvió tan real, personal y cumplida ante sus propios ojos. Era más que una simple carta a Timoteo, quien era como un hijo para Pablo. Lo que tenemos aquí es una última carta de amor. Pablo no tenía familia. Todo eso fue abandonado por causa del evangelio. Así que llamó a Timoteo su hijo, su amado hijo para mostrarlo como su familia más cercana.

Finalmente, Pablo le pidió a Timoteo que fuera a Roma a verlo antes del invierno y que trajera varias cosas que había dejado en Troas. Si Timoteo fue a Roma, y es probable que lo hiciera, debe haber sido testigo presencial del martirio de su mentor, líder y figura paterna, Pablo. Me imagino el dolor y la angustia que pasó Timoteo después de la muerte de Pablo.

Posiblemente Timoteo leyó esa carta una y otra vez, día tras día mientras continuaba con su trabajo ministerial. Cada vez que tenía ganas de darse por vencido o desanimarse, lo sacaba y leía la parte final de la carta, solo para recordar lo que su predecesor finalmente le había ordenado que hiciera. Estoy seguro de que su espíritu se reanimaría y recargaría para seguir moviéndose, sin importar las circunstancias.

Las palabras del mentor pueden ser muy revitalizantes y ser una fuente de aliento, ya que el aprendiz odiaría decepcionarlo y sufrir el dolor del arrepentimiento. Timoteo sabía que Pablo había invertido todo lo que tenía en la vida en este evangelio, por lo que quería ser el mejor receptor de la batuta y correr con ella sin fallar.

Pablo escribió esta apasionante carta personal para asegurarse de que Timoteo continuara con el evangelio de Jesucristo. Pablo estaba convencido de que el evangelio continuaría hasta que llegara a toda la región transcontinental de Afro-Eurasia llamada Medio Oriente, que incluía Asia Occidental, Egipto y Turquía. Damos gracias a Dios porque hoy el evangelio llegó a Europa, Asia, África, Australia y América del Norte y del Sur. Pablo pasó años entrenando a Timoteo y lo preparó para este momento final. Pablo estaba escribiendo una carta a Timoteo, como cuando escribes una carta o un correo electrónico a tu primo, maestro, estudiante, pastor, hermano, hermana o amigo hoy. Pablo probablemente no se dio cuenta de que la carta seguiría siendo atesorada casi dos mil años después. Todo lo que hizo fue compartir algunas palabras finales personales, consejos, pensamientos y valores con su hijo, Timoteo. Él no imaginó que nos alcanzaría a ti y a mí.

Las siguientes son las últimas palabras emocionales que seguían resonando en los oídos internos de Timoteo como una canción que se repite día y noche.

*1 Os exhorto solemnemente en presencia de Dios y de Cristo Jesús, que un día juzgará a los vivos y a los muertos cuando venga a establecer su Reino: 2 Predicad la palabra de Dios. Esté preparado, ya sea que el momento sea favorable o no. Con paciencia corrige, reprende y anima a tu pueblo con buenas enseñanzas. 3 Porque viene un tiempo cuando la gente ya no escuchará la sólida y sana enseñanza. Seguirán sus propios deseos y buscarán maestros que les digan lo que sus oídos ansiosos quieran escuchar. 4 Rechazarán la verdad y perseguirán los mitos. 5Pero debes mantener la mente clara en cada situación. No tengas miedo de sufrir por el Señor. Esfuérzate en contarles a otros la Buena Nueva, y cumple a cabalidad el ministerio que Dios te ha encomendado. 6 En cuanto a mí, mi vida ya ha sido derramada como ofrenda a Dios. El tiempo de mi muerte está cerca. 7 He peleado la buena batalla, he acabado la carrera y he permanecido fiel. 8 Y ahora me espera el premio la corona de justicia, que el Señor, el Juez justo, me dará el día de su regreso. Y el premio no es solo para mí, sino para todos los que esperan ansiosamente su aparición. (2 Timoteo 4:1-15 NTV)*

Pablo escribió esta carta final como un atleta que acaba de ganar una carrera en los Juegos Olímpicos y está usando su último impulso de fuerza para correr por las pistas del campo ondeando la bandera de su país con orgullo. Esa última vuelta se llama la vuelta de la victoria. Esta carta fue el regazo de la victoria para Pablo.

Timoteo había visto muchas batallas, palizas y problemas desde el día en que conoció a Pablo. Pablo se aseguró de derramar todo lo que tenía sobre Timoteo. Animó a Timoteo a soportar las penalidades, sufrir por Cristo, usar bien la palabra, huir de los deseos juveniles, buscar la justicia, la fe, el amor y la paz. También le enseñó a evitar preguntas y argumentos tontos y a ser amable. Estas son exhortaciones de un apóstol que estaba a punto de morir a su hijo espiritual. Estoy convencido que la carta sirvió de motivación para que Timoteo siguiera sirviendo con mayor intensidad y siguiendo las huellas de su líder más cercano y antecesor.

Con la muerte tan cerca, Pablo debe haber pensado emocionalmente en encontrarse con el Señor Jesús. Su mente agradecida debe haberse remontado a la primera vez que se conocieron. Empezó a reflexionar sobre su primer encuentro con el Señor en el camino a Damasco. Cuánto había pasado desde entonces, qué vida había vivido. Debe haber pensado profundamente en Ananías, el primer hermano que conoció en Damasco. Su mente lo llevó por el camino de la memoria, a través de sus años de aprendizaje, todos los viajes misioneros, la primera vez que conoció a la familia de Timoteo. Pensó en los conversos, los enfrentamientos, los naufragios, las lapidaciones y las palizas. También estaban las alegrías y el amor de enseñar y crecer en los lazos del amor cristiano.

Finalmente, Paul le confió a quien se sentía más cercano, y se abrió a él. Se volvió vulnerable y compartió sus momentos y sentimientos finales con Timoteo, y aquí están las palabras triunfantes del regazo de victoria de Pablo:

*6 Porque ya estoy siendo derramado como libación, y el tiempo de mi partida está cerca. 7 He peleado la buena batalla, he acabado la carrera, he guardado la fe. (2 Timoteo 4:6,7 NVI)*

## Lecciones de liderazgo de la segunda silla aprendidas de Timoteo

El desarrollo de liderazgo y el discipulado no es un evento, sino un proceso intencional

La relación entre Pablo y Timoteo es un ejemplo perfecto de cómo las relaciones de liderazgo pueden desarrollarse con el tiempo. Se necesita mucha paciencia, sacrificio, pasión, dedicación e inversión deliberada para desarrollar otro líder. La tutoría efectiva en cualquier organización, industria, ministerio, iglesia o entorno de liderazgo necesita un compromiso a largo plazo. Desafortunadamente, pocas personas están comprometidas a invertir su tiempo y energía en la tutoría. Tanto tiempo como dedicamos a desear, orar y buscar más trabajadores, también debemos dedicar tiempo a invertir en aquellos que tienen el potencial de convertirse en nuestros socios en la misión. Identifique a personas de su propia congregación y guíelas hasta el nivel de liderazgo ministerial, tal como lo hizo Pablo con Timoteo.

## Todo Líder necesita tutores y modelos

Como líder, necesita otros líderes justo antes de donde se encuentra en su crecimiento y viaje. Y cada líder también necesita asesorar y modelar a los que están justo detrás de nosotros. Esta es la única manera de que el discipulado adquiera la naturaleza multigeneracional descrita por Pablo en 2 Timoteo 2:2. La Tutoría es un proceso La tutoría es un proceso de tres pasos/fases que incluye paternidad, modelaje y asociación. Pablo estaba convencido de que valía la pena su tiempo y esfuerzo para guiar a Timoteo. Demostró estos tres pasos desde el momento en que recogió a Timoteo en Listra como padre espiritual, luego modeló cómo hacer el ministerio durante su jornada misional. Finalmente reconoció a Timoteo como su compañero de ministerio cuando entregó la iglesia y la obra del ministerio a Timoteo. "Timoteo, mi compañero de trabajo, te envía sus saludos." (Romanos 16:21 NTV) Nuestro objetivo no es solo hacer un discípulo para Jesús, sino hacer discípulos que hagan discípulos. Hoy, estamos sirviendo en el reino debido a la repetición de este proceso de tres fases durante siglos. El proceso no se detuvo con Timoteo. Se les ha pasado la batuta a ustedes que están leyendo este libro, y es nuestra responsabilidad ser padres, modelos y socios de la próxima generación hasta que Jesús venga.

# Capítulo 4
# José

*Esta propuesta agradó a Faraón y a todos sus siervos. 38 Y Faraón dijo a sus siervos: "¿Podemos encontrar un hombre como este, en quien está el Espíritu de Dios?" 39 Entonces Faraón dijo a José: "Ya que Dios te ha mostrado todo esto, no hay nadie más sabio e inteligente que tú. 40 Tú estarás sobre mi casa, y todo mi pueblo se ordenará como tú mandes. Sólo en cuanto al trono seré mayor que tú". 41 Y dijo Faraón a José: Mira, te he puesto sobre toda la tierra de Egipto. 42 Entonces Faraón tomó su anillo de sellar de su mano y lo puso en la mano de Yosef, y lo vistió con vestiduras de lino fino y puso un collar de oro alrededor de su cuello.*
*(Génesis 41:37)*

José es uno de mis personajes favoritos de la Biblia. Su historia es una historia de celos, engaño, esclavitud, tergiversación, injusticia, lujuria, rivalidad y miedo, y termina con el perdón y la reconciliación. La historia es un maravilloso ejemplo de cómo la vida tal como la conocemos no es una línea recta. La vida está llena de altibajos, montañas y valles, años de hambre y años de abundancia. Dios obró en la vida de José a través de todos sus altibajos. Alistair Begg lo resumió bien cuando dijo que José era una ilustración de tamaño natural de Romanos 8:28 (NKJV): "Y sabemos que a los que aman a Dios, todas las cosas les ayudan a bien, esto es, a los que conforme a su propósito son llamados".

José fue el 11 de los 12 hijos del rico nómada Jacob y su segunda esposa Raquel. Su historia se cuenta en el libro de Génesis 37-50. José era el hijo más amado de su padre Jacob porque le había nacido en su vejez. Su padre le dio un regalo especial, la famosa túnica de muchos colores.

Su historia es una de heroica redención y perdón. Cuando José informó haber tenido sueños de sus hermanos, e incluso las estrellas y la luna, inclinándose ante él, sus celos por él se convirtieron en acción. Los hermanos lo vendieron como esclavo a una caravana itinerante de ismaelitas que lo llevaron a Egipto y lo vendieron a Potifar, el capitán de la guardia de Faraón. La esposa de Potifar lo acusó falsamente de intento de violación y fue encarcelado injustamente. En Egipto, la presencia del Señor con José le permitió encontrar el favor de Potifar y el carcelero. Con la ayuda de Dios, José interpretó los sueños de dos prisioneros que eran siervos del Faraón, predijo que uno de ellos sería reintegrado pero el otro sería ejecutado. Dos años más tarde, José fue llamado para interpretar los sueños de Faraón. La interpretación anticipó siete años de abundancia seguidos de siete años de hambre. En ese momento, José surgió como el único que resolvería el problema del hambre para el rey, por cierto, le dijo al rey que habría hambre en la tierra, y la solución fue que el rey debería crear una posición para alguien que estar más cerca de él como el administrador principal y cuidar de la hambruna que se avecina. El rey simplemente se dio la vuelta y dijo: "No necesitamos entrevistar a nadie más para el trabajo; tú, José, eres el único que califica". José fue inmediatamente nombrado primer ministro de todo el país de Egipto.

José creó una posición para sí mismo mientras estaba preso; incluso creó la descripción del trabajo para sí mismo. Eso es lo que nosotros llamamos el favor de Dios. Faraón reconoció la habilidad dada por Dios a José e impulsó su ascenso de la prisión al administrador principal de todo el país de Egipto. Como estaba predicho, la escasez de alimentos en Canaán obligó a Jacob a enviar a sus hijos a comprar grano a los egipcios. Benjamín, el hermano menor de José, se quedó en casa porque Jacob temía perderlo, como había hecho con José. Cuando José finalmente se encontró de nuevo con sus hermanos, deliberadamente ocultó su identidad. Los acusó de ser espías y les dijo que la próxima vez deberían venir con Benjamín o no les vendería el grano. La hambruna en curso obligó a Jacob a enviar a sus hijos de mala gana de regreso a Egipto con Benjamín, y fueron invitados inesperadamente a cenar en la casa de José. Entonces José probó el carácter de sus hermanos colocando una copa de plata en el saco de Benjamín y lo acusó falsamente de robo. Cuando Judá se ofreció a quedarse en lugar de Benjamín, José supo que su carácter había cambiado y reveló que era su hermano. José explicó que no debían sentirse culpables por traicionarlo, ya que era el plan de Dios que él estuviera en Egipto para preservar a su familia. Les dijo que trajeran a su padre y a toda su casa a Egipto para vivir en la provincia de Gosén porque quedaban cinco años más de hambre. José les suministró carros de transporte egipcios, ropa nueva, plata y veinte burros adicionales que llevaban provisiones para el viaje. Jacob luego se reunió gozosamente con su hijo José

## Lecciones de liderazgo de la segunda silla aprendidas de José

### *Perseverancia*

A pesar de los muchos altibajos en su vida (vendido como esclavo, falsamente acusado de intento de violación por la esposa de Potifar y encarcelado, olvidado en prisión por dos años más por el jefe de los coperos), José fue fiel y nunca cuestionó el plan de Dios para él. Se nos dice a lo largo de su historia que el Señor estaba con él. Esta es una buena lección para todos los líderes que están pasando por muchos éxitos y fracasos en sus No pierdas la esperanza, no te rindas; el Señor todavía está contigo incluso en tu dolor y desafíos.

### *Carácter*

Aunque fue mimado por el favoritismo de su padre, José finalmente se convirtió en un hombre de carácter. Me gusta la definición de carácter como "Hacer lo correcto cuando nadie (excepto Dios) está mirando". José era guapo y fácilmente podría haber cedido a la tentación de la esposa de Potifar. Nadie (excepto Dios) lo habría sabido. Se resistió y terminó siendo enviado a prisión cuando fue acusado falsamente de intento de violación. Que Dios te ayude como líder a ser un hombre o una mujer de carácter que represente a Dios incluso en lugares oscuros, durante el día y la noche.

### *Buena ética de trabajo*

A lo largo de la vida de José, en la casa de Potifar, en la prisión y como segundo al mando en Egipto, vemos que el buen trabajo de José fue recompensado por el Señor. Se nos dice que todo lo que hizo José, el Señor lo hizo prosperar. Debemos dedicarnos a hacer lo mejor que podamos en todo lo que se nos asigne, en el trabajo, el hogar, la iglesia, y luego dejar que Dios lo bendiga. Como líder, da lo mejor de ti en cualquier ministerio o proyecto que te pidan y deja que Dios haga el resto.

### *Humildad*

José era un hombre humilde y respetuoso. Siempre dio crédito a Dios; nunca lo tomó para sí mismo. Por ejemplo, en Génesis 42:15-16, Faraón le dice a José que tuvo un sueño y que había oído que José podía interpretar sueños. En lugar de atribuirse el mérito, José afirma con humildad y honestidad que no es él, sino Dios, quien le dará a Faraón una respuesta favorable. Después de un proyecto o trabajo ministerial exitoso, ¿a veces nos tomamos el crédito a nosotros mismos, en lugar de dárselo al Señor?

Imagínense cómo se sintió cuando lo sacaron de la prisión y lo inauguraron para supervisar todo el país en un día. Sus compañeros de prisión esperaban que regresara y se uniera a ellos como prisionero, pero se sorprendieron cuando visitó la prisión como un hombre de autoridad. Se mantuvo humilde durante toda su vida. Que Dios nos ayude a permanecer humildes como nos aconseja Pedro. En el momento oportuno Él nos levantará.

## *Confiabilidad*

Confiabilidad significa ser confiable y fiable. José era digno de confianza y leal. Cuando fue tentado por la esposa de Potifar, no traicionó a Potifar ni pecó contra Dios. José fue un líder muy auténtico. La gente quiere estar rodeada de personas que sean reales, auténticas y que tengan un gran carácter. Las personas auténticas no intentan estar por encima de nadie. Son simpáticos, humildes y fáciles de hablar. Las personas de confianza son consistentes, compasivas, amables, ingeniosos, humildes y disponibles. Oro para que podamos tener líderes más confiables como José.

## *Sin abuso de poder*

A diferencia de muchos líderes en la actualidad, José no

abusó de su poder. Como segundo al mando en Egipto, podría haber negado la comida a sus hermanos, o incluso arrojarlos a la cárcel. En cambio, les demostró perdón. Muchos líderes hoy en día abusan de su poder de muchas maneras diferentes. El abuso de poder ocurre cuando un líder actúa de una manera que manipula un área de control para beneficio personal a expensas de sus seguidores. Además, José fue un líder que perdona; concedió el perdón a sus hermanos que abusaron de él. El perdón es una característica maravillosa de los líderes Cristo céntricos.

## *Corazón a prueba de ofensas*

Si alguna vez hubo un hombre que tenía todo el derecho y la justificación para permanecer ofendido, enojado y amargado, ese era José. Sin embargo, se negó a dejarse vencer por la ira y la amargura.

Eligió el perdón sobre la amargura. No se puede liderar con un corazón ofendido. Jesús dijo que vino a sanar a los quebrantados de corazón. Así como es difícil caminar con una pierna rota o cargar cosas con un brazo roto, es difícil liderar bien con el corazón roto. Es muy difícil liderar con un corazón ofendido.

Aprende a perdonar para que puedas concentrarte en tu propósito. Dios trajo a José antes a Egipto para que pudiera preservar la nación de Israel. Imagínese lo que podría haber pasado si José hubiera elegido ser un líder que se ofendió.

# Capítulo 5
# Aarón

*13 Pero Moisés dijo: "Perdona a tu siervo, Señor.*
*Por favor, envíe a alguien más". 14 Entonces el Señor se encendió en ira contra Moisés, y dijo: "¿Qué hay de tu hermano, Aarón el levita? Sé que puede hablar bien .Él ya está en camino para encontrarse contigo, y se*
*alegrará de verte. 15 Le hablarás y pondrás palabras en su boca; Los ayudaré a ambos a hablar y les enseñaré qué hacer. 16 El hablará al pueblo por ti, y será como si él fuera tu boca, y como si tú fueras Dios para él. (Éxodo 4:13-16 NTV)*

Los hijos de Israel fueron a Egipto cuando su padre Jacob fue invitado por su hijo José. Ahora Dios quería liberarlos de la esclavitud. Moisés nació para liberarlos y llevarlos a la tierra prometida. Aarón era el hermano mayor de Moisés. Crecieron en circunstancias muy diferentes. Moisés creció en una casa real, mientras que su hermano Aarón creció como esclavo. Sus primeros 83 años los pasó en la esclavitud egipcia. Se separaron después de que Moisés huyó de Faraón después de que este matara a un egipcio que estaba golpeando a un israelita. Se estableció en la tierra de Madián, donde conoció a Jetro y Séfora. Dios los reunió más tarde en la vida. Trabajaron juntos para sacar a los hebreos de Egipto y llevarlos a la Tierra Prometida. Aarón se menciona por primera vez en la Biblia cuando Dios se comunicó con Moisés en la zarza ardiente. Aarón fue el hermano mayor de Moisés. En su encuentro inicial con el Señor durante esta experiencia de la zarza ardiente, Moisés no estaba ansioso por aceptar el llamado de Dios para sacar a Israel de Egipto a la Tierra Prometida. En cambio, Moisés suplicó, "por favor envía a alguien más". Moisés se mostró renuente a aceptar la misión de liberarlos de la opresión egipcia. Dios ignoró su súplica y lo envió de camino a Egipto para guiar a Israel, estimado en unos dos millones de personas, a la tierra prometida.

Debido a que Moisés se quejó de que no podía hablar bien, Dios asignó a Aarón, su hermano, como su asistente y vocero, creando así un equipo de dos hermanos. Dios le dijo que Aarón era un buen orador y que él sería su líder de la segunda silla. Moisés tuvo un desafío con la comunicación; posiblemente no podía comunicarse bien en el idioma egipcio y en el idioma hebreo porque había salido del país unos 40 años antes. Aarón, su hermano, se había quedado en Egipto durante todo ese tiempo, hablaba ambos idiomas con fluidez y era una buena opción para ayudar y apoyar a su hermano. Actuó como intermediario entre Moisés y los hebreos.

Dios confirmó las habilidades de comunicación de Aarón cuando Él dijo a Moisés: ¿Qué hay de tu hermano, Aarón el levita? Sé que puede hablar bien. Él hablará al pueblo por ti, y será como si él fuera tu boca y como si tú fueras Dios para él".

No hay un líder autosuficiente. Aarón funcionó como asistente de Moisés; cada líder necesita un asistente o más. Los dos hermanos ya eran ancianos cuando se reencontraron y empezaron a trabajar juntos como equipo. Aarón tenía 83 años y Moisés 80 años cuando Faraón finalmente cedió a su pedido y dejó ir a los israelitas. trabajaron en equipo durante 40 años, y se complementaron. Aarón tenía 123 años cuando murió en el Monte Hor, cerca del extremo sur del Mar Muerto.

Hoy, todo el que está ungido quiere ser el líder principal. Me pregunto cuántos estarían dispuestos a servir bajo un líder tan fielmente durante 40 años. Recuerde, Moisés era el hermano menor de Aarón, pero Aarón estaba dispuesto a someterse a él. Aarón era mejor comunicador que Moisés; sin embargo, no permitió que su orgullo lo eclipsara y socavara a Moisés. Sirvió a sus órdenes durante 40 años. Durante todos esos años, asistió diariamente a Moisés en la conducción de Israel. Aarón proporcionó liderazgo espiritual a la nación. Era un hombre muy devoto, bueno y espiritual. Durante 40 años sirvió como Sumo Sacerdote del pueblo de Dios.

Después de la marcha fuera de Egipto, Aarón ya no era una figura central en los acontecimientos, sino solo un actor secundario al lado de Moisés. No jugó ningún papel importante en el cruce del Mar Rojo, las canciones de los himnos de victoria o la crisis del agua en Mara. Reapareció más tarde en relación con el incidente del mano.

Levantó los brazos de Moisés mientras luchaban contra los amalecitas. Los otros momentos notables en los que Aarón desempeñó un papel en el éxito de su hermano se registran en Éxodo 17. Está registrado que, durante la batalla entre los israelitas y los amalecitas, Aarón, junto con Hur, sostuvieron las manos de Moisés extendidas hacia arriba para asegurar la victoria.

Aaron modeló un líder asistente que siempre apoya a su líder. Apoyó y se mantuvo al lado de su hermano cuando se enfrentaba al Faraón de corazón duro. Persistió y se quedó leal a Moisés incluso cuando algunos de Israel se rebelaron contra él. Más tarde, nuevamente con Hur, en Éxodo 32, Aarón actuó como representante de Moisés cuando su hermano subió al monte Sinaí para recibir las dos tablas de piedra de la Ley. Fue un fiel ayudante de su hermano Moisés. Fue un líder que siempre estuvo comprometido con su gente. Aarón fue un líder que se apresuró a obedecer a Dios; su obediencia se mostró en su llamado inicial para unirse a

Moisés.

Respondió positiva e inmediatamente cuando fue llamado para sacar a los israelitas de Egipto, y su fidelidad durante los largos años del desierto es ejemplar.

Entendió su posición y responsabilidades como asistente del líder, y aumentó el liderazgo de Moisés con sus habilidades de comunicación. Como asistente, usted no está allí para competir con su líder principal, sino para complementarlo. A veces puedes permanecer invisible para el público como lo hizo Aaron. Mientras tengas un corazón para servir, Dios te bendecirá por eso. Puede haber algunas habilidades o dones en los que eres bueno o cosas que podrías hacer mucho mejor que tu líder, pero debes estar dispuesto a someterte y servir. No hay líder que sepa hacerlo todo; los líderes deben aceptar cualquier ayuda que Dios traiga a sus vidas por el bien del ministerio. Damos gracias a Dios por líderes ejemplares como Moisés. Si Moisés y Aarón pudieron funcionar como un equipo, cualquiera puede hacerlo.

## Lecciones de liderazgo de la segunda silla aprendidas de Aaron

### *Hasta los mejores líderes cometen errores*

Aarón fue obediente la mayor parte de su vida; siguió a Dios en todo momento. Sin embargo, tuvo momentos en los que no hizo la voluntad de Dios. Aaron estaba lejos de ser perfecto; sin embargo, esto

no le impidió servir como vocero y mano derecha de Moisés. Tú y yo no somos perfectos, pero todavía hay un lugar para nosotros en el reino de Dios. En Éxodo 32 leemos de una situación en la que Aarón se lo perdió.

Cuando Moisés fue al monte Sinaí a recoger los mandamientos de Dios, puso a Aarón a cargo de la conducción de la nación de Israel. En lugar de llevar a la gente a adorar a Dios, la gente empezó a dudar de Dios y empezó a creer en dioses hechos por el hombre. Aarón no dirigió al pueblo hacia la verdad. Consintió al pueblo y se unió a ellos en su duda de Dios. Construyeron un becerro de oro para adorar en lugar de Dios. Aarón permitió que el pecado y el caos entraran en el campamento.

Si Aaron estuviera sirviendo a las órdenes de algunos de los líderes hoy, lo habrían despedido por cometer un error tan grande. Sin embargo, Dios y Moisés vieron algo diferente a lo que nosotros podíamos ver en él. Dios vio en Aarón un destino para

los hijos de Israel. En lugar de solo ver liderazgo hacia el mal, Dios vio a un hombre que guiaría a la nación a la tierra prometida. No degradó a Aarón, sino que redirigió sus talentos para Su propia gloria.

### *El liderazgo de servicio fiel conduce al legado*

Aarón se convirtió en el primer sumo sacerdote de Israel. Dios lo escogió y lo apartó. Aarón se convirtió en el primer ejemplo de santidad sacerdotal. En lugar de ver solo el fracaso, Dios vio el futuro de Su nación en él. A pesar de sus pecados y defectos, Dios usó a Aarón para desempeñar un papel especial e importante en la nación de Israel. Tú y yo no somos perfectos, pero todavía hay un lugar para nosotros en el reino de Dios. No te desanimes por tus fracasos y defectos. El perdón misericordioso de Dios es capaz de borrar tus fracasos.

### *Cuidado con la manipulación*

El mundo está lleno de lideres que evaden la responsabilidad y echan la culpa cuando las cosas van mal. Como líder, debe asegurarse de no ser manipulado para actuar en contra de la voluntad de Dios. Después de ser manipulado, Aaron se puso de pie y culpó a la gente y al fuego. "Me dieron el oro, lo echamos al fuego y del fuego salió este becerro." Tu liderazgo es importante en todos los niveles de la organización. Es tu responsabilidad de liderazgo desviar la iglesia u organización cuando se mueve en dirección equivocada. Tu liderazgo determinará la salud y la dirección de la iglesia. El liderazgo importa; existe una correlación directa entre la salud espiritual de las personas y la salud espiritual de sus líderes.

# Capítulo 6
# Eliseo

*Entonces Eliseo volvió a sus bueyes y los sacrifico Usó la madera del arado para hacer un fuego para asar su carne. Pasó la carne a la gente del pueblo y todos comieron. Luego se fue con Elías como su asistente. (1 Reyes 19:21 NTV)*

*Mientras iban caminando y conversando, de pronto apareció un carro de fuego, tirado por caballos de fuego. Pasó entre los dos hombres y los separó, y Elías fue llevado al cielo por un torbellino. 12 Eliseo lo vio y exclamó: «¡Padre mío! ¡Padre mío! ¡Veo los carros de Israel con sus conductores!». Mientras desaparecían de su vista, rasgó su ropa en señal de angustia.*
*13 entonces Eliseo tomó el manto de Elías, el cual se había caído cuando fue llevado, y regresó a la orilla del río Jordán.*
*(2 Reyes 2:11-13 NTV)*

La historia de Elías y Eliseo puede ser la historia de tutoría más obvia de la Biblia. Nos dice mucho sobre el papel del mentor y del aprendiz. En su primer encuentro con Elías, Eliseo estaba dispuesto a dejar su ocupación, su familia y la vida que había construido a lo largo de los años para seguir a un hombre que le ofrecía su mentoría. Mató sus bueyes y destruyó el yugo, entregando las ganancias a su vecindario. Literalmente ya no quería poner sus manos en el arado. Esto sería el equivalente a vender un negocio y hacer una fiesta con las ganancias. Hizo todo esto para dejar su liderazgo en el campo y convertirse en asistente del profeta.

Eliseo dejó un puesto que tenía seguridad laboral, beneficios e ingresos garantizados, y comenzó a seguir a este profeta que era muy inestable, a veces temeroso, y huía de Jezabel y era odiado por algunas personas que no estaban de acuerdo con su profecía. Algunas personas verían esto como una degradación. Cuando nos movemos hacia los propósitos de Dios, no somos degradados sino promovidos. Dios sabía lo que le esperaba en el futuro cercano: experimentaría la plenitud y la paz que ninguna cantidad de dinero y seguridad laboral podría proporcionar. Eliseo estaba destinado a una doble porción. Si nunca se hubiera ofrecido a sí mismo para servir bajo Elías, habría seguido siendo un agricultor y nunca habría realizado los asombrosos milagros que bendijeron la vida de tantos otros. A veces no logramos pasar al siguiente nivel de nuestro propósito debido al miedo y la zona de confort de la experiencia familiar. Si queremos experimentar a Dios y alcanzar nuestro potencial, tenemos que salir del bote al agua, tal como lo hizo Pedro. No hay crecimiento en nuestras zonas de confort.

Debido a su voluntad de servir bajo el hombre de Dios, Eliseo fue ascendido más tarde y se convirtió en el sustituto de Elías. Después de este incidente, Eliseo realizó más milagros que Elías. Cuando Dios te llama a Su voluntad, siempre hay algo mejor que lo que tienes, mejor que donde estás y más satisfactorio que lo que estás haciendo ahora. Por favor, no te resistas cuando el Señor te llame a servir a los demás. Para el ojo humano, a veces puede parecer una degradación, pero Dios ve mucho más allá que nosotros. Dios sabía lo que sucedería seis años después. A veces, a Dios le gustaría que sirvieras a las órdenes de alguien mientras Él prepara tu corazón para tu nuevo rol más adelante. Aprende a someterte al proceso y a servir fielmente.

Los estudiosos de la Biblia creen que Eliseo sirvió a Elías durante seis años antes de que Elías fuera llevado al cielo. En ese momento se le presentó a Eliseo una prueba interesante, y la pasó. Elías le dijo tres veces a Eliseo que se quedara atrás, pero Eliseo se negó cada vez a dejarlo. Otros estaban mirando desde la distancia, pero Eliseo quería una visión personal y de cerca de lo que Dios estaba a punto de hacer en la vida de Elías. Eliseo estaba verdaderamente comprometido a servir bajo Elías y no permitió que ninguna excusa lo detuviera o lo desanimara. Los que miraban desde la distancia no se quedaron con la doble ración, solo el que sirvió de cerca y perseveró. No hay experiencia desperdiciada con Dios. Mientras estás sirviendo bajo tu líder, Dios podría estar preparándote para la próxima asignación. A veces será un desafío, y es posible que tenga ganas de renunciar y volver a arar, pero no desprecie sus pequeños comienzos. Dios tiene más para ti, así que continúa sirviendo bajo tu Elías.

Spangler y Tverberg en su libro Sentado a los pies del rabino Jesús, escribieron mucho sobre el tema del discipulado judío. Una de las ideas interesantes que explicaron fue que Jesús usó "el arado de Eliseo" en Lucas 9 como modelo de cómo esperaba que sus propios discípulos se comprometieran con Él por encima de todo *61 Otro dijo: 'Sí, Señor, te seguiré, pero primero déjame despedirme de mi familia'. 62 pero Jesús le dijo: 'Cualquiera que pone una mano en el arado y luego mira hacia atrás, no es apto para el Reino de Dios'. Jesús respondió: "Nadie que pone su mano en el arado y mira hacia atrás es apto para servir en el reino de Dios".* (Lucas 9:61-62)

Hay muchas similitudes entre Elías y Jesús en la forma en que entrenaron a sus discípulos. Varios aspectos de la vida de Eliseo ejemplificaron el discipulado en el tiempo de Jesús. Eliseo se unió a Elías y vivió con él a tiempo completo durante muchos años. El objetivo final no era solo el aprendizaje académico, sino una verdadera transformación personal. Fue a través de esta prolongada intimidad con su maestro que Eliseo aprendió el significado completo del ministerio. Aprendió más y entendió más el ministerio a través de su estrecha asociación con su líder.

Cuando el Señor llamó a Samuel, él vivía en la misma casa que su líder y entrenador, Elí. El niño Samuel ministró delante del Señor bajo Eli. Samuel trabajaba como siervo de Elí, el sumo sacerdote de Israel, que ya era muy anciano. Fue Eli quien tuvo la responsabilidad de enseñar a Samuel y prepararlo para convertirse en el próximo profeta en la tierra. Elí era el sumo sacerdote de Silo y el penúltimo juez israelita. Samuel sucedió a Eli más tarde antes de que llegara el gobierno del primero de los reyes de Israel y Judá. Samuel ungió a los dos primeros reyes de Israel, Saúl y David. Eli pudo ayudar a Samuel a identificar la voz del Señor y cómo debería responder. El discipulado implica modelar cómo uno puede escuchar a Dios y cómo debe responder. Eli tuvo un gran impacto en Samuel porque vivía con él día y noche.

Los discípulos no visitaron a Jesús durante un servicio de la iglesia, servicio de sanidad u ocasiones especiales. Vivían con Él a tiempo completo. Lo acompañaban en todas sus rondas diarias, lo

veían relacionarse con su familia, rechazada por sus hermanos, sanar enfermos, alimentar hambrientos, socorrer a los pobres, resucitar muertos, etc., que les impactaba más que si Predicaba y luego desaparecía después del sermón.

Los discípulos de Jesús también le sirvieron; ellos lo ayudaban con algunos mandados cuando Él se los pedía. A veces iban al pueblo a comprar comida (Juan 4:8). Los enviaría a ir y pagar por él. *"27 Sin embargo, no queremos ofenderlos, así que baja al lago y tira una línea. Abre la boca del primer pez que captura, y encontrarás una gran moneda de plata. [d] Tómala y paga el impuesto por los dos".* (Mateo 17:27) A veces Él les pedía que arreglaran la celebración de la Pascua según Sus instrucciones (Lucas 22:8). Mientras se movían de un lugar a otro, se esperaba que los discípulos se turnaran para preparar las comidas y servirse unos a otros. Aprendieron a servirse unos a otros del mismo Jesús. Siempre les recordaría que Él no vino para ser servido, sino para servir. Incluso les recordaría que el más grande en el reino es el que sirve a los demás. Demostraría este principio prácticamente lavándoles los pies. No lo escucharon predicar un poderoso sermón y luego desaparecer y aparecer de nuevo al día siguiente. Él vivió con ellos; lo vieron vivir el evangelio que predicaba. Así que la relación maestro discípulo fue muy fuerte e íntima. En ese sentido, Jesús no estaba haciendo nada nuevo de lo que hicieron Elías y Eliseo.

Dios acerca a las personas a ti para que puedan aprender de ti. Dios quiere que les des un modelo de liderazgo en la vida real. Vivir el evangelio es totalmente diferente a predicarlo verbalmente. Deje que su aprendiz lo vea atravesar los desafíos de la vida y cómo los maneja. Hágales saber que usted es una persona real con los mismos desafíos que ellos enfrentan y que los maneja de una manera cristiana. Deje que lo vean confiar en Dios para satisfacer sus necesidades o guiarlo a través del momento difícil o los desafíos financieros en su vida.

## Lecciones de liderazgo de la segunda silla aprendidas de Eliseo

### *Las personas ocupadas son los mejores líderes*

Elías encontró a Eliseo en el campo trabajando duro. Obviamente era un hombre de recursos porque estaba arando con 12 yuntas de bueyes delante de él. Sin embargo, cuando Elías lo llamó, los dejó para servir a Elías. Dios llama a personas ocupadas para guiar a su pueblo. Estoy seguro de que, si Elías hubiera encontrado a Eliseo holgazaneando sin hacer nada, no lo habría invitado a su ministerio. Las personas que no hacen nada no empezarán a hacer algo simplemente porque ahora tienen un puesto. Pedro, Santiago y Juan ya eran pescadores cuando Jesús los llamó. Si quieres conseguir un gran sucesor como líder, identifica a alguien que ya esté haciendo algo con su vida. Uno de los problemas que lleva al fracaso de la mayoría de los gobiernos es que dan responsabilidades a personas que no tienen idea de lo que están haciendo. A algunos se les otorgan puestos simplemente porque son camaradas y amigos sin experiencia ni conocimiento de lo que se espera de ellos. La persona que ya está en el campo ve su invitación al liderazgo como una expansión de lo que ya está haciendo. Puede que no esté haciendo exactamente lo que tú estás haciendo, al igual que Eliseo, que se dedicaba a la agricultura, pero ya estaba ocupado haciendo algo con su vida. La gente perezosa no cambiará instantáneamente y se volverá industriosa solo porque se le otorgue un puesto en la organización, iglesia o empresa.

Cuando busque a su sucesor, debe mirar a aquellos que han demostrado la capacidad de tener éxito en otras áreas de su vida o ministerio.

## El verdadero liderazgo es costoso

Las grandes decisiones en la vida exigen un sacrificio. Para convertirse El mejor líder de la segunda silla que era, Eliseo hizo dos grandes sacrificios. El primer sacrificio fue cuando inmediatamente siguió Elías sin siquiera contarle a su familia o padres lo que había sucedido. Esto podría significar que inmediatamente cortó todos sus lazos familiares. No estamos seguros de la razón por la que lo hizo; todos lo que sabemos es que no se le permitió regresar y despedirse de su familia. El segundo sacrificio es la matanza de los bueyes. Los bueyes eran muy valiosos por su capacidad de trabajo. Matarlos sería una gran pérdida financiera para él y su familia.

Hay momentos en que somos llamados a hacer sacrificios por decidir caminar en nuestro propósito. Puede que no tengamos que hacer necesariamente los mismos sacrificios que hizo Eliseo; sin embargo, es posible que también debamos sacrificar algo, ya sea nuestra comodidad, tiempo, energía, finanzas o
incluso algunas relaciones que pueden no apoyar nuestra visión. El liderazgo no es barato.

## Los grandes líderes se reemplazan a sí mismos

Elías sabía que tenía que preparar un sucesor. Los grandes líderes no hacen miembros; hacen otros líderes. Desde el primer día como líder, debe preparar a alguien para que asuma su posición de liderazgo. Los líderes responsables pasan su autoridad al líder potencial. Ningún líder tiene éxito hasta que tiene un sucesor. El éxito de su capacidad de liderazgo solo se ve después de que se haya apartado de la posición de liderazgo. El líder potencial permanece cerca del líder para que pueda aprender del líder y crecer.

Desarrollar otros líderes a tu alrededor también te ayudará a lidiar con el desafío que tienen la mayoría de los líderes, la soledad. Se dice que cuanto más alto vas, más frío se vuelve. es cierto, es a veces solo porque como líderes, su tiempo para compartir y socializar es muy limitado debido a un horario compacto. El hecho de que te sientas solo no significa que estés solo. Una forma de asegurarse de esto es hacer liderazgo con alguien. Tienes mucha experiencia y conocimiento que puedes compartir con otros. Puede organizar sesiones de capacitación de desarrollo con los líderes sobre los que tiene influencia. Ya sea que sea un líder de primera o segunda silla, busque a alguien que no sepa lo que

usted sabe y enséñele. En el ministerio, nunca haga

nada solo. He aprendido mucho en liderazgo cuando viajo con mis líderes y gerentes a diferentes iglesias e instituciones en todo el país e internacionalmente. Siempre es recomendable llevar a alguien con usted cuando hace el trabajo del ministerio. Puede invitar a alguien cuando vaya al hospital para una visita o cuando visite la casa de alguien. También está bien compartir su sermón o discutirlo con alguien mientras planifica su próximo compromiso de hablar. Te sorprenderá cuánto aprenderá la persona de ti. Simplemente exponga a otras personas al ministerio. Tienes mucho que ofrecer a quienes te rodean; Seguro que es mucho más de lo que jamás imaginaste. Recuerda, lo que es obvio para ti es sorprendente para los demás. Como líderes, debemos estar en el negocio de reemplazarnos a nosotros mismos. Mi pregunta para ti es: ¿En quién te estás vertiendo?

# Capítulo 7
# Juan Marcos

*Cuando se dio cuenta de esto, fue a la casa de María, la madre de Juan Marcos, donde muchos estaban reunidos para orar. 13 Llamó a la puerta de la entrada, y una sirvienta llamada Rode vino a abrir. (Hechos 12:12)*

Juan Marcos se desempeñó como líder de la segunda silla a lo largo de su vida. Cuando era joven, Juan Marcos se menciona por primera vez como el hijo de una mujer acomodada llamada María. Posiblemente, María tenía una casa grande en Jerusalén, donde podía acomodar a toda la iglesia para sus reuniones regulares. Llevaban a cabo sus servicios religiosos y reuniones regulares de oración en su casa. Juan Marcos fue una figura bíblica muy oscura; él era solo un joven normal sirviendo bajo otros ministros.

Así como Saulo, cuyo otro nombre era Pablo y Simón, que también se llamaba Pedro, Juan también tenía dos nombres; también era conocido como Marcos. Esto se debe a que era común que los judíos de ese período llevaran un nombre semítico como Juan (en hebreo: Yochanon, que significa "Yahweh es misericordioso") y un nombre grecorromano (Marcus o Marcos). El nombre Juan apunta a su herencia judía, y Marcos sirvió como su segundo nombre.

Después que el ángel del Señor liberó milagrosamente a Pedro de la cárcel, fue directamente a la casa de María. El hecho de que después de su liberación milagrosa de la prisión, Pedro supiera dónde encontrar la iglesia de oración implica que María ocupaba una posición de alguna

prominencia entre la iglesia cristiana judía primitiva en Jerusalén.

No hay información directa sobre los primeros años de la vida de Marcos. Sin embargo, deduciendo del hecho de que Pedro fue recibido en la casa de María y de la información en la primera epístola, Pedro parece haber sido bien conocido por Marcos. Aparentemente, con el transcurso del tiempo, Marcos se acercó aún más a Pedro mientras ministraba en Asia Menor y Roma. Cuando Pedro escribió esta primera epístola, Marcos se había convertido en un hijo para él. *"Su iglesia hermana aquí en Babilonia les envía saludos, al igual que mi hijo Marcos".* (1 Pedro 5:13)

Juan Marcos no fue uno de los apóstoles de Jesús. Sin embargo, pasó mucho tiempo con Pedro y aprendió mucho de él sobre la vida de Jesús. Fue tan bendecido de tener la narración de primera mano de la vida de Jesús por un hombre que estaba en el círculo íntimo del ministerio de Jesús. Fue tan bendecido de crecer en la presencia del gran Apóstol

que conoció íntimamente y vivió con Jesús durante tres años. Juan Marcos sirvió como escribiente y anotador de Pedro. Él escuchaba a Pedro compartir sus experiencias personales con Jesús, y me podía imaginar que Pedro seguía repitiendo y enfatizando algunas historias en casi todas las predicaciones. Pedro siempre compartiría su testimonio sobre su primer encuentro con Jesús en el Mar de Galilea. Ver cómo Jesús tomó a un hombre pecador sin educación y lo amó infinitamente le dio a Marcos esperanza y una gran seguridad.

Juan Marcos fue mencionado por primera vez para identificar correctamente a su madre María, ya que tenía un nombre muy popular. Pablo también mencionó indirectamente la relación de María con Bernabé. En

Colosenses 4:10 mencionó que Juan Marcos era primo de Bernabé. Según Hechos 4:36-37, Bernabé era levita, un nativo de Chipre y terrateniente. Podemos usar el razonamiento deductivo para concluir que María posiblemente también era levita. Siendo levita, le hubiera encantado ver a su hijo servir en el ministerio también.

La casa de María se describe como de recursos considerables: tenían al menos una sirvienta y espacio suficiente para acomodar una reunión de oración considerable. No todo el mundo podía permitirse el lujo de contratar a un sirviente. Sin embargo, no se dice ni se sabe nada sobre su padre, y dado que la casa se llama de María, podemos suponer que posiblemente ya estaba muerto en ese momento.

El primer hecho significativo en cuanto a él como asistente fue cuando Pablo y Bernabé regresaron a Antioquía de su Misión de alivio del hambre a Jerusalén. En su camino de regreso de Jerusalén a Antioquía, trajeron consigo a Juan Marcos como asistente del ministerio. *"Cuando Bernabé y Saulo terminaron su misión en Jerusalén, regresaron llevando consigo a Juan Marcos"*. (Hechos 12:25)

Aproximadamente un año después, el Espíritu Santo nombró a Pablo y Bernabé de la Iglesia de Antioquía para salir y predicar el evangelio. Pablo y Bernabé le pidieron nuevamente a Juan Marcos que saliera con ellos en su primer viaje misionero. Marcos fue con ellos como su ayudante ministerial (Hechos 13:5). Desafortunadamente, no completó el primer viaje misionero con ellos. Marcos dejó a los dos mayores en Perge, la capital de la región de Artemisa en Panfilia, y regresó a Jerusalén (Hechos 13:13). La Biblia no dice por qué Marcos los abandonó, pero su partida se produjo justo después de un tiempo mayormente infructuoso en la isla de Chipre. Chipre es la isla de donde vino originalmente Barnabas. Solo se registra una conversión en Chipre, pero hubo una fuerte oposición demoníaca por parte de Bar-Jesús. Es probable que el joven Juan Marcos se desanimó ante la dureza del camino y decidió regresar a las comodidades de su hogar. No está claro por qué decidió volver a casa. Algunos sugirieron que estaba abrumado por la obra del ministerio, y algunos sugieren que extrañaba a su madre en Jerusalén. La Biblia no dice cómo se fue, pero algunos sugieren que posiblemente se fue o desapareció durante la noche.

Algún tiempo después, después de que Pablo y Bernabé habían regresado de su primer viaje, Pablo expresó el deseo de volver a los hermanos en las ciudades que habían visitado anteriormente para ver cómo les iba a todos (Hechos 15:36). Bernabé estuvo de acuerdo, pero con una condición: sugirió que llevaran a Juan Marcos con ellos. Pablo se negó a llevar a Marcos con ellos en su viaje, citando su anterior deserción. Pablo pensó que era mejor no tener un desertor con ellos; necesitaban a alguien más confiable. Bernabé quería darle una segunda oportunidad a su primo Juan Marcos. Bernabé, el "hijo de consolación" (Hechos 4:36), deseaba perdonar el fracaso de Juan Marcos y darle otra oportunidad. Pablo adoptó el punto de vista más racional de que la obra misionera pionera requiere dedicación, determinación y perseverancia.

Pablo y Bernabé tuvieron un "fuerte desacuerdo" acerca de Juan Marcos. Este desacuerdo los llevó a separarse y emprender viajes separados. Bernabé llevó a Juan Marcos con él de regreso a su isla natal, Chipre, y Pablo llevó a Silas con él a través de Siria y Cilicia para animar a los creyentes en esas áreas (Hechos 15:39– 41). Desde el capítulo 15 del libro de los Hechos en adelante nunca escuchamos de Pablo y Bernabé. nuevamente, aunque vemos a Pablo y Silas trabajando juntos en el ministerio. Pablo vio a Juan Marcos como un riesgo para su misión. Vale la pena señalar que, al final, dos grupos de misioneros fueron enviados a difundir el evangelio.

La correspondencia paulina indica que aproximadamente una década después de la desavenencia por Marcos, la relación entre Pablo y Marcos había mejorado mucho. En Colosenses 4:10, Pablo incluye a Marcos entre los pocos colaboradores del ministerio que trabajaron con él y le proporcionaron un pequeño consuelo. Marcos parece haber sido elegido por el gran Apóstol Pablo para hacer alguna representación a Colosas. Pablo vuelve a mencionar a Marcos; lo llama su "colaborador" en Filemón 1:24.

Para cuando escribió su carta a Timoteo, Marcos y Timoteo estaban juntos. Pablo expresó su tributo final y gratificante para el joven. Cerca del final de su vida, desde una prisión romana, Pablo envió una petición a Timoteo: *"Toma a Marcos y tráelo contigo, porque me es útil en mi ministerio".* (2 Timoteo 4:11) Obviamente, Juan Marcos había madurado a través de los años y se había convertido en un fiel siervo del Señor. Pablo reconoció su progreso y lo consideró un compañero valioso.

Según la iglesia primitiva, el evangelista Marcos fue el primer obispo de Alejandría, Egipto, y la primera persona en establecer una iglesia cristiana en esa ciudad. También estableció muchas más iglesias en el área de Alejandría.

Ninguno de los 12 apóstoles estaba tan cerca de Jesús como Pedro, Santiago y Juan. Servir bajo el liderazgo de uno de estos tres podría ser lo más cercano a Jesús y su ministerio.

Pedro siempre repetiría sus experiencias con Jesús desde el día que lo conoció por primera vez en el mar de Galilea cuando le pidió usar su barca. Compartiría el milagro de la captura más grande como el pescador. Él les hablaría de este simple pescador que era un hombre común y corriente sin educación, sin valor ni estatura en la comunidad, pero que fue invitado a convertirse en apóstol de Cristo. Marcos escuchaba muy atentamente mientras Pedro les contaba a las iglesias cómo pudo obtener la revelación de Cristo como el Mesías cuando estaban en Cesarea. Peter se aseguraría de no perderse la experiencia de la transfiguración cada vez que hablara. En repetidas ocasiones compartió el testimonio sobre la curación milagrosa de su suegra, la alimentación de las multitudes, la dolorosa experiencia de Getsemaní, la crucifixión y la resurrección de su maestro. Debido a su estrecha proximidad con Peter, su relación se desarrolló a lo largo de los años de trabajar juntos en el ministerio. John Mark siguió registrando todas las experiencias de estos testigos presenciales.

Juan Marcos finalmente registró el relato de Pedro sobre la vida y el ministerio de Jesús en lo que hoy se conoce como el evangelio de Marcos. De hecho, dado que todo el evangelio es la narración de Pedro de su vida en el ministerio con Jesús, algunos eruditos lo llaman El evangelio según el apóstol Pedro. Marcos escribió este evangelio que lleva su nombre en algún momento entre los años 55 y 59 d.C. Se cree que su evangelio fue el primero en ser compuesto. Marcos fue el primero en componer la historia de Jesús tal como la conocemos hoy. Escribió sobre todo lo que escuchó de Pedro. Escuchó a Pedro seguir repitiendo sus experiencias en todos los lugares a los que iba a predicar. Cuando escribió el evangelio, Marcos sabía lo que realmente había sucedido durante el ministerio de Jesús. Su evangelio registró el relato de Pedro sobre la vida y el ministerio de Jesús. El Evangelio de Marcos es un registro exacto de las enseñanzas de Pedro.

Sus escritos se utilizaron como fuente de referencia para los evangelios de Mateo y Lucas. Sus escritos estarán siempre en la bibliografía de los evangelios sinópticos. Los evangelios sinópticos (Mateo, Marcos y Lucas) cubren la mayoría de los mismos milagros, parábolas y eventos de la vida y el ministerio de Jesús. El libro de Juan es diferente de los evangelios sinópticos; en realidad no hay parábolas en su libro.

## Lecciones de liderazgo de la segunda silla aprendidas de Juan Marcos

*Puedes dejar un legado que le cambie la vida, incluso como líder de la segunda silla*

Juan Marcos nunca fue un líder de primera silla. Ni siquiera estaba en la estructura de liderazgo de la iglesia en Jerusalén o Antioquía. Nunca dirigió ni siquiera un solo viaje misionero. Nunca dirigió ningún departamento, comité o subcomité, pero tuvo un impacto de por vida que todavía disfrutamos hoy. El evangelio de Marcos siempre seguirá siendo relevante e impactante en nuestras vidas y en muchas generaciones por venir. Siempre fue ayudante de Pedro, Pablo y su primo Bernabé. En realidad, incluso cuando se mencionó su nombre por primera vez, no se trataba de él; el autor estaba identificando a su madre. No necesita ser famoso o estar en el liderazgo superior para hacer una diferencia significativa. Jesús dice que el que es grande en el ministerio es el que se enfoca en servir, no en hacerse un gran nombre. Cuanto más te concentres en servir, más te levantará el Señor en el momento adecuado.

*El rechazo del hombre no es el rechazo de Dios*

Juan Marcos fue rechazado por Pablo, quien pensó que Marcos no sería nada. Pensó que no era apto para el ministerio; nunca vio ningún futuro para él. No todo el mundo puede entender su propósito. A veces, incluso las personas a las que admiras pueden no reconocer ni comprender tu propósito. Pablo rechazó a Marcos porque no reconoció su vocación. El mismo Juan Marcos, el rechazado, finalmente jugó un papel importante en la escritura de la Biblia de hoy y el establecimiento de la iglesia en África. Puede ser rechazado por su familia, su cónyuge, sus compañeros de trabajo, su iglesia o incluso por su pastor o líder principal. Su rechazo no significa que Dios te haya rechazado a ti. Todavía puedes ser como Marcos y cumplir con tu llamado a pesar de su rechazo.

*No permitas que tus fracasos y decepciones pasadas te limiten.*

Juan Marcos fracasó; sin embargo, nunca se dio por vencido. No pudo completar el viaje con Pablo y Bernabé, pero completó el Evangelio de Marcos. No completó lo que Pablo esperaba que completara, pero completó lo que Dios esperaba que completara: completó su propósito. Puede fallar en cumplir con las expectativas de las personas, pero aun así cumplir con las expectativas de Dios. Es posible que no hagas lo que la gente espera que hagas, pero aun así hagas aquello para lo que naciste. La gente puede etiquetarte y llamarte un fracaso, pero Dios ve un Juan Marcos y un gigante en ti. Dios ve en ti a un conquistador, no a un fracasado. Debe rechazar las etiquetas de las personas y concentrarse en cumplir con su llamado. Dios tiene la mejor definición de quién eres, así que confía y créele a Él, no a las personas. Tu verdadera identidad es con Dios, no con el hombre. Marcos continuó enfocándose en su propósito en lugar de sus fallas. A veces nos enfocamos tanto en nuestros fracasos, decepciones, derrotas y frustraciones que permitimos que esos fracasos nos definan. Juan Marcos se negó a ser llamado un fracaso. No permitió que un evento definiera toda su vida. Su vida es más grande que ese evento. Cuando fallas, no significa que seas un fracaso; solo significa que has fallado en una situación. Todavía puede tener éxito en otras áreas de su vida. Pídele a Dios que te muestre tu propósito para vivir y continúa enfocándote en él persistentemente.

Cuando fallas, simplemente significa que has aprendido cómo no hacerlo. Continúa enfocándote en la visión y el propósito que Dios te ha dado, aunque eso signifique que tengas que cambiar la ruta para lograrlo. Sea terco con su visión, pero flexible con sus métodos. Esté dispuesto a comprometer los métodos, pero no sus principios. Nunca permita que el fracaso lo desvíe del rumbo. Todas las personas exitosas que conoces hoy han fracasado en algún momento de sus vidas. Estudia las biografías y los testimonios de las personas que consideras exitosas en el ministerio, los negocios, el liderazgo, los deportes o cualquier área de la vida. Todos tienen una cosa en común: todos han fracasado en algún momento de sus vidas. La única diferencia entre las personas exitosas y las que no lo son es que cuando fallan, las personas exitosas no se dan por vencidas. Siguen intentándolo hasta que lo logran, mientras que las personas que no tienen éxito simplemente se dan por vencidas. Esto se aplica en todas las áreas de la vida, ya sea privada o pública. Sea como Juan Marcos: sea persistente, no renuncie a sus sueños.

### *No todos pueden terminar el viaje contigo*

Cuando eres un líder, tienes que entender que todas las personas vienen a tu ministerio por una razón, y algunas solo por una temporada. La vida es una serie de estaciones, y todas las estaciones son temporales. En cada etapa de tu vida, hay personas particulares que necesitas. Cuando el alumno esté listo, aparecerá el profesor. Hubo una época en la que Pablo necesitaba a Marcos; sin embargo, también hubo una temporada en la que no lo necesitó. Llegó un momento en que volvió a necesitarlo. Dios nos conecta y nos vuelve a conectar con algunas personas con un propósito. Algunos vienen a nuestras vidas por una lección que Dios quiere que aprendamos en ese punto. Algunos vienen a tu vida para ayudarte a crecer en algunas áreas de tu vida, como la paciencia, el perdón, la fe y la construcción de relaciones.

Algunas personas estarán en tu vida para ayudarte a iniciar tu proyecto o ministerio; sin embargo, no significa que terminarán contigo. No se decepcione cuando algunas personas lo abandonen como lo hizo Marcos con Pablo y Bernabé. Tal vez era hora de que Juan Marcos volviera a conectarse con Pedro, por lo que Dios lo estaba preparando para escribir el Evangelio de Marcos. Si se hubiera quedado con Pablo, no habría tenido la oportunidad de viajar con Pedro. Antes de condenar a alguien, debe consultar con Dios. Así como Dios está ocupado trabajando en tu corazón, también está trabajando en el corazón de la otra persona. No todas las situaciones son sobre ti. Tenemos que aprender a abordar todas las situaciones con el corazón y la mente abiertos. Esté dispuesto a aprender de todas las situaciones, tanto buenas como malas. En la vida, las decepciones vienen cuando las personas no hacen lo que esperábamos que hicieran. Algunas personas pueden dejarte cuando no esperas que se vayan y se unan a otros ministerios. Recuerda, no siempre se trata de ti.

Cuando los hijos de Israel rechazaron el liderazgo de los hijos de Samuel, Samuel pensó que lo estaban rechazando porque querían un rey. Dios le aseguró que no lo están rechazando. No se trataba de él.

"*Y el Señor le dijo: 'Escucha todo lo que te dice el pueblo; no te han desechado a ti, sino a mí me han desechado como su rey.*'" (1 Samuel 8:7)

Algunos te dejarán cuando sientas que más los necesitas, pero tal vez Dios quiera que comiences a confiar en Él más que en ellos para satisfacer tus necesidades. La vida es una serie de estaciones. Hay personas que serán buenas para ti en una temporada en particular, y cuando su temporada termine, se irán, y con razón. No te sientas rechazado; no se trata solo de ti. No eres el centro del universo; tal vez en ese momento haya otras personas que los necesiten más que tú. También debes entender que Dios los trajo a tu vida para aprender lo que Él quería que aprendieran; tal vez sea hora de que pasen al siguiente capítulo de sus vidas. Creo que a estas alturas eres consciente de que no lo sabes todo. Hay cosas que también estás aprendiendo de otras personas. Algunos vinieron a motivarte y animarte a estudiar, pero para cuando te gradúes es posible que ya no estén ni siquiera para celebrar contigo. Algunos pueden venir a animarte a escribir un libro, pero para cuando lo lances, es posible que ya no estén allí para celebrarlo contigo. No todos pueden terminar el viaje contigo, y no siempre está mal.

*La gracia es más poderosa que la venganza.*

Bernabé estaba dispuesto a darle a Juan Marcos una segunda oportunidad. Entendió que las personas pueden fallarte a veces, pero no tienes que renunciar a ellas. Como líder, debe aprender a dar a las personas que le fallaron una segunda oportunidad, o más. Todos nosotros hemos decepcionado a Dios muchas veces, pero como dice la Biblia, "Él nunca nos dejará ni nos desamparará". Esté dispuesto a darle a la gente una segunda oportunidad. Pedro entendió muy bien a Juan Marcos cuando regresó del viaje misionero. Lo acogió porque entendió que hay más poder en la gracia que en la condenación y la venganza. Pedro experimentó el mismo sentimiento de culpa que Marcos experimentó antes. ¿Recuerdas que Pedro rechazó a Cristo tres veces?

Después de Su resurrección, Jesús encontró a Pedro pescando, y Él le hizo una pregunta desgarradora. "Simón, Simón, ¿me amas?" Esta fue una pregunta introspectiva para Pedro. La gente solo ve lo que haces, pero Dios sabe y se enfoca en tu corazón, se enfoca en por qué haces lo que haces. El motivo de lo que haces es importante para Dios. Jesús sabía lo que había en el corazón de Pedro.

Pedro sintió la culpa de haber rechazado a su amo y dijo: "Sí, Señor, tú sabes que te amo". Jesús le dijo: "Apacienta mis ovejas". Le estaba diciendo a Pedro que "después de haber sido perdonado y dado la gracia, ve y da a otros la misma gracia y el mismo perdón que yo te di".

Habiendo pasado por este bautismo de perdón, no hay

forma de que Pedro fuera duro con Marcos. Tuvo que practicar lo que se le indicó que hiciera. Pedro se volvió más amable que crítico. Deberíamos estar dispuestos a dar gracia a las personas en lugar de venganza o juicio.

A diferencia de Pedro y Bernabé, Pablo le guardó rencor a Juan Marcos durante muchos años; se tomó tiempo para perdonarlo. Gracias a Dios que finalmente cambió su corazón acerca de Juan Marcos. La gente siempre nos ofenderá, y en algún momento puede que incluso nos separemos por un tiempo. Los grandes líderes son líderes que perdonan. Debemos aprovechar todas las oportunidades que tengamos para reconciliarnos con ellos. En realidad, la Biblia dice que se nos ha dado el ministerio de la reconciliación.

*Ver potencial en las personas.*

Pablo no vio ningún potencial en Marcos. A veces los jóvenes se equivocarán y cometerán errores. No siempre lo harán bien. Tienes que decidir creer en ellos, tener fe en ellos, creer que tienen un potencial para cambiar y hacer lo que Dios los trajo aquí para hacer.

La gente siempre nos ofenderá y nos decepcionará; sin embargo, no debemos renunciar a ellos. No importa cómo se comporten hoy, tienen el potencial de cambiar. He conocido a pastores que han compartido conmigo sus testimonios y algunas de las cosas que hicieron cuando aún eran jóvenes. Si Dios fuera a usar nuestros estándares y juicios miopes humanos, sus pecados pasados y sus vidas impías podrían haberlos descalificado para convertirse en pastores o incluso para servir en el ministerio. Dios no es solo un Dios de una segunda oportunidad, sino de muchas oportunidades. Todos nosotros hemos desperdiciado nuestras segundas oportunidades hace mucho tiempo, pero Él permanece lleno de gracia con nosotros.

Todas las personas que Dios trae a tu vida tienen un propósito y definitivamente lo cumplirán. Todos ellos tienen potencial para hacer hazañas para el Reino de Dios. Debemos creer en las personas que lideramos. A veces son esas personas que subestimas las que marcarán una diferencia significativa en tu organización, iglesia y el mundo. Quizás alguno de los que menos esperas esté destinado a ser tu sucesor en el ministerio o en tu puesto.

## *La oración cambia las cosas*

Juan Marcos era un joven que creció en una casa de oración. La oración de su madre jugó un papel importante más adelante en su vida; lo mantuvo en marcha mientras salía de Jerusalén con Pablo y Bernabé. La oración de ella lo mantuvo en pie mientras servía en la iglesia de Antioquía, y la misma oración lo mantuvo cuando viajaron a Chipre. Cuando cruzaron a Perge, estoy seguro de que su madre siguió orando por él incluso cuando abandonó el ministerio por un tiempo. El poder de la oración estaba con él cuando estaba sirviendo bajo el ministerio del Apóstol Pedro. La oración lo sostuvo cuando escribió el Evangelio de Marcos. Fue la oración lo que lo mantuvo en África cuando comenzó la iglesia. Cometió algunos errores en su vida, pero creo que fueron las oraciones persistentes de María las que lo sostuvieron. Nunca dejes de orar por tu familia, tus hijos y todas las personas con las que trabajas.

Hay poder en la oración. Deja que tus hijos te vean orar por cualquier situación que te preocupe. Cuando vean que Dios contesta tus oraciones, su fe se fortalecerá. La oración tiene el poder de cambiar situaciones, cosas y vidas, así que no dejes de orar por tus seres queridos. Algunas oraciones pueden no ser respondidas durante tu vida. Cuando Esteban fue apedreado hasta la muerte por los compañeros de Pablo, hizo una poderosa oración de fe. *"Señor, no les tomes en cuenta este pecado"*. (Hechos 7:60) Dios contestó su oración más tarde después de su muerte. En Hechos 9, los pecados de Pablo finalmente fueron perdonados cuando Steven oró justo antes de morir.

No te rindas incluso cuando parezca que Dios no está respondiendo tu oración. Me puedo imaginar la desilusión que pudo haber sentido la madre de Juan Marcos cuando él se presentó en casa y le dijo que no completó el viaje, que no lo logró en el ministerio. Estoy seguro de que siguió orando para que Dios ayudara a Marcos a descubrir su propósito en la tierra. No sé si todavía estaba viva cuando finalmente escribió el Evangelio de Marcos. Estoy seguro de que habría sido la madre más emocionada y agradecida de la tierra, solo de ver que sus oraciones fueron respondidas después de casi 30 años. Las personas por las que oramos pueden continuar decepcionándonos y parecer que continúan viviendo en contra de nuestras oraciones o continúan haciendo lo que está mal; sin embargo, no te rindas. Sigue orando.

# PARTE C
# El Papel del Líder de Segunda Silla

*El hace que todo el cuerpo encaje perfectamente. A medida que cada parte hace su propio trabajo especial, ayuda a que las otras partes crezcan, de modo que todo el cuerpo está sano, en crecimiento y lleno de amor. (Efesios 4:16)*

El líder de la segunda silla tiene un papel que desempeñar en el crecimiento del ministerio. Hay cosas que tu líder principal o pastor haría; sin embargo, como líder, también tiene algunas expectativas que cumplir. Cuando tu líder hace su parte y tú también haces la tuya, siempre habrá progreso y crecimiento. He aprendido en la vida que, si seguimos haciendo lo correcto, no importa cuánto tiempo tome, los resultados correctos seguirán. Las siguientes son algunas de las cosas que se espera que un segundo líder comprenda y haga:

- Comprender los límites de su autoridad
- Sumisión
- Pasar de la dependencia a la interdependencia
- El trabajo en equipo hace que el equipo funcione
- Manejar la tensión entre el contentamiento y los sueños
- Dejar un legado
- Ver a su líder principal como un regalo de Dios
- Dejar la iglesia de la manera correcta

# Capítulo 8
# Entienda los Limites de su Autoridad

El liderazgo es influencia, no una posición. Cuando eres un líder, tienes autoridad; sin embargo, su autoridad no es ilimitada. Hay dos tipos de autoridades: basadas en título/cargo y basadas en relaciones.

## Autoridad basada en el título

Este es el nivel más bajo de liderazgo. En el liderazgo basado en el título, las personas lo siguen debido a su posición o título. Tu influencia proviene solo de tu posición. Su influencia se basa en los derechos que le otorga el cargo y el título. En realidad, en este nivel no eres realmente un líder sino un jefe. Confía en las políticas y reglas de la organización para hacer las cosas. Yo lo llamo liderazgo seco. Las personas que te siguen solo harán lo que se requiera de ellas. Esto es demasiado limitante porque en este nivel las personas solo harán lo que se inspecciona, no lo que se espera. Su gente no tiene la motivación para ir más allá del llamado del deber. Los jefes y los líderes basados en títulos no motivan ni animan, sino que exigen y mandan. Tales líderes nunca aprecian los esfuerzos de uno, no importa cuánto lo intentes. Estos son líderes difíciles de complacer.

Todos los que hacen más que lo mínimo indispensable atribuyen su motivación a un gran liderazgo. Es imperativo entender que los títulos no hacen líderes. Margaret Thatcher una vez dijo: "Ser un líder es como ser una dama. Si tienes que recordarle a la gente que lo eres, no lo eres".

John Quincy Adams dijo: "Si sus acciones inspiran a otros a soñar más, aprender más, hacer más y convertirse en más, usted es un líder".

No tengo nada en contra de los títulos en sí, pero a menudo se malinterpretan y se abusa de ellos. Los líderes basados en títulos piensan que son líderes fuertes cuando son mandones. Hay una diferencia entre ser mandón y ser un líder fuerte. Los líderes mandones malinterpretan la naturaleza y el propósito de su autoridad formal. Los líderes autoritarios están tan orientados a las tareas que anteponen el trabajo a los aspectos humanos de las personas. Los grandes líderes pueden lograr un equilibrio entre estar orientados a las tareas y orientados a las personas. Algunos líderes descubren más tarde que la autoridad no siempre es eficaz para influir en las personas y obtener los resultados que necesitan.

Linda Hill y Lowell Kent Lineback en su libro, *Being the Boss*, indican que los líderes no deben confiar en el título que viene con una posición o ser un jefe para obtener los resultados que necesitan. Los líderes deben liderar comunicando claramente lo que quieren que la gente haga en lugar de ser mandones.

Cuando lideras por posición, siempre sentirás la necesidad de seguir recordándole a la gente tu posición porque atribuyes tu valor y autoestima a tu posición. Conozco a un pastor que se negó a aceptar una invitación para hablar en una conferencia simplemente porque la carta de invitación no se dirigía a él con el título correcto. Cuando el liderazgo se hace bien, el líder, la iglesia, la organización y la comunidad se benefician. Cuando hacemos las cosas correctas en la vida, no importa cuánto tiempo tome, en última instancia, los resultados correctos vendrán.

Desafortunadamente, algunas personas encuentran su valor en las posiciones; se sienten validados por las posiciones. El problema con eso es que esa persona no podrá servir afuera de un puesto. Debes entender que el verdadero liderazgo es cuando ayudas a las personas incluso sin un puesto.

## Autoridad basada en relaciones

En mi investigación de tesis doctoral, encontré que las relaciones son factores clave que determinan el nivel de satisfacción y compromiso de las personas con cualquier organización.

La mejor manera de liderar y desarrollar a otras personas es a través de la construcción de relaciones. Los líderes orientados a las relaciones se enfocan en apoyar, motivar y desarrollar a las personas en sus equipos. Los líderes son más influyentes cuando construyen relaciones saludables. Las personas se sienten más cómodas y productivas cuando trabajan con un líder basado en las relaciones que con un líder autoritario mandón.

No hay nada de malo en conectarse con su gente a nivel personal. A veces puede sentirse incómodo con una pequeña charla personal en la oficina, pero esas conversaciones ayudan a su gente a sentirse cómoda relacionándose con usted. Debe dar a las personas la oportunidad de abrirse y compartir sobre sus vidas y familias. La gente quiere trabajar con un líder real, humano y emocionalmente conectado.

Un estilo de liderazgo basado en las relaciones fomenta el buen trabajo en equipo y la colaboración fomentando las relaciones positivas y la buena comunicación. Un líder impulsado por las relaciones empodera a los demás y considera que la empatía es esencial para crear equipos fuertes y productivos. La gente quiere una conexión personal, humana y emocional. Tienes que convencerlos sin ninguna sombra de duda de que te preocupas por ellos como individuos, no solo como grupo. Las personas se sienten más necesarias cuando son valoradas, y eso podría ser incluso una motivación mayor para algunas de ellas que simplemente darles un incentivo financiero impersonal como un aumento de sueldo o bonificaciones.

Pablo se tomó el tiempo para construir una gran relación con Timoteo. Moisés tuvo una relación sana con su hermano Aarón durante más de 40 años. Un líder puede proporcionar una visión y supervisión compartidas; sin embargo, debe desarrollar una relación con las personas que inspira. Algunos líderes apenas piensan en construir relaciones con las personas con las que trabajan. A la gente no le importa tu posición o cuánto sabes hasta que saben cuánto te preocupas por ellos. Cuando un nuevo gerente o director se une a una organización, la pregunta que siempre preocupa a los miembros de su equipo, incluso antes de conocerlo, es cómo maneja las relaciones personales con sus equipos, no cuánto ganará o su título.

No solo desee que las personas cumplan, sino desee que se relacionen. Los grandes líderes ganan el compromiso de las personas al conquistar sus cabezas y corazones. Cada individuo en una organización posee conocimientos, habilidades y nuevas ideas de valor potencial. Ningún líder podría poseer el conocimiento, la experiencia y la sabiduría necesaria para tomar todas las decisiones. La organización no se beneficia de todo el potencial de ningún miembro del equipo si no se le da el espacio para ejercer sus dones, habilidades y talentos. Las personas solo se comprometen con una organización que demuestre que se preocupa por ellos.

Los líderes exitosos construyen relaciones e inspiran a las personas a a convertirse en más de lo que jamás imaginaron. Estos líderes ayudan a las personas a lograr más de lo que alguna vez pensaron que podrían. La gente confía más en ti cuando has construido una buena relación con ellos. Para ser efectivos, los líderes necesitan la confianza de sus equipos. Deben crear y construir relaciones sólidas con su equipo primero, luego influir en ellos hacia una visión común. La construcción de relaciones es más importante que los títulos. El liderazgo exitoso se basa en la influencia.

El resultado que obtienes de cualquier relación nunca puede ser mayor que tu aporte. Si no está satisfecho con el resultado de su relación, verifique cuántos recursos, tiempo, pensamientos y energía pone en ella.

Las personas responden mejor y más rápido a las relaciones que a la autoridad. Responden mejor a la construcción de relaciones que a su título. A nadie le gusta que lo manden. Cuando mandas a la gente, te estás preparando para el sabotaje. Mi amigo contador me dijo una vez que su jefe era tan malo que en la semana en que la oficina nacional venía a auditar sus libros, fingía estar enfermo. Llamó para informar que estaba enfermo el lunes por la mañana y dejó un mensaje de voz para informarle a su jefe que no se sentía bien y que posiblemente tomaría una licencia por enfermedad durante toda la semana, dependiendo de cómo se sintiera. Su oficina no pasó las auditorías porque su jefe no pudo explicar algunos de los gastos en sus libros y su jefe fue despedido un mes después. Si el jefe hubiera tratado bien a su empleado, le habrían correspondido el trato y el sacrificio.

Cuando guíes a la gente, no creas que tienes toda la autoridad. Su éxito depende de su personal de apoyo y de los miembros de su equipo; por lo tanto, debes tratarlos bien. Los granjeros saben muy bien que, si quieres leche fresca de una vaca, tienes que alimentarla bien en pastos verdes con agua fresca.

## Liderazgo de toda la vida vs paso a paso

El liderazgo de segunda silla podría ser un llamado de por vida o un paso hacia un papel de primera silla.

Un segundo líder de por vida es una persona que puede no ser el próximo líder de la iglesia, ministerio o cualquier organización. José es un buen ejemplo de un segundo líder de toda la vida. José nunca fue primero en ninguna posición de liderazgo en toda su vida. Él no era el primogénito de la casa. Cuando fue vendido a Egipto, se fue allí como esclavo. Sirvió en la casa de Potifar, luego fue a prisión. Después de la prisión, se convirtió en asistente del faraón. Él nunca se convirtió en rey o líder de la primera silla. Cuando Dios te ha llamado a servir bajo tu pastor, sirve fielmente sin la ambición de ocupar su cargo. Si eres llamado a ser un líder de la segunda silla de por vida, no tienes que empujar o tratar de tomar el control de su líder superior. No trates de manipular o usar personas para lograr tus ambiciones y deseos egoístas.

Timoteo y Eliseo son un buen ejemplo del paso hacia liderazgo de la primera silla. Estaban siendo preparados y arreglados para hacerse cargo del ministerio. No todos los puestos de liderazgo asistente lideran al liderazgo de la primera silla. Si te mantienes humilde en los ojos del Señor, en el momento oportuno Él te levantará. No tendrás que presionarlo.

# Capítulo 9
# Sumisión

*Es más, sométanse unos a otros por reverencia a Cristo.*
*(Efesios 5:21 NTV)*

La sumisión es uno de los temas más olvidados en las iglesias hoy en día. Muchas personas no ven su valor e importancia. Hay una escasez de predicación sobre la sumisión y la obediencia.

La palabra sumisión es una conjunción de dos palabras: sub y misión. Sub significa debajo, debajo de, bajo de. Ejemplos de estas palabras son subordinado, subdivisión, metro, subcomité, submarino, subsuelo y subestación. También puede significar secundario o siguiente, más bajo que o inferior a. La sumisión es una actitud esencial si se quiere ser un líder de éxito. La sumisión sólo ocurre cuando una persona decide seguirla repetidamente. Todos tenemos nuestra misión en la vida. Cuando te sometes, eliges poner tu misión bajo la misión de tu líder, tu iglesia o tu organización. Eliges que tu misión sea secundaria o inferior en aras del éxito de la organización. Una vez que entendamos este principio, se eliminarán muchas de las luchas internas en la iglesia.

El obispo Tony Dunn siempre dice: "No hay sumisión hasta que hay desacuerdo". La verdadera sumisión sólo se muestra cuando su líder o gerente toma una decisión que puede no ser su preferencia. Los desacuerdos no se pueden evitar; mientras trabajas o vives con gente, tendrás algunos desacuerdos porque no todos piensan igual. Si dos personas piensan igual, entonces una de ellas no es necesaria. Los desacuerdos pueden ocurrir en la iglesia sobre la metodología del ministerio o las prioridades de programación. Es en ese punto donde se puede ejercer la sumisión. Mientras ambos estén en la misma página, no hay necesidad de sumisión. Está bien hacer preguntas de aclaración para comprender la razón de ser de la decisión.

¿Cómo respondes cuando tu líder hace algo con lo que no estás de acuerdo? No me refiero a un comportamiento pecaminoso, sino a diferentes opiniones, preferencias o enfoques para resolver un asunto.

Mira estos breves escenarios y reflexione sobre cómo es más probable que responda. ¿Elegirías pelear, huir o quedarte?

Peleas, no estás de acuerdo abiertamente y desafías directamente a tu líder.

Huyes, te alejas herido y ofendido y tienes ganas de rendirte.

Permaneces involucrado sin confrontación, aceptas la decisión por lo que es y te comprometes con el ministerio.

Cuando tu líder va en contra de tu recomendación o preferencia en una decisión particular, o cuando tu líder critica una decisión que has tomado o una acción que has realizado, o cuando tu líder le da a otra persona un trabajo o una responsabilidad que tú crees que deberías hacer tú o para la que crees que estás más capacitado.

La respuesta de lucha o huida desempeña un papel fundamental en la forma en que los seres humanos se enfrentan al estrés y a la inseguridad. Cuando nos sentimos amenazados o nos sentimos inseguros, nuestra mente se apresura a luchar o huir.

Los líderes con confianza están relajados y seguros. Cuando te sientes amenazado y temeroso, tu primera respuesta sería luchar o huir. Los líderes deben estar seguros. Hay poder en la sumisión.

## Tu bendición está en la asignación

La unción significa la gracia para hacer lo que has nacido para hacer. Si estás fuera de tu carril, no puedes tener la gracia y la unción para servir en esa área. Si eres agraciado con la unción para servir bajo tu líder, quédate allí y sirve fielmente todo el tiempo que Dios quiera que te quedes. Cuando has sido agraciado para enseñar, enfócate en eso. No intentes ser un profeta. Permanece en tu carril, y Dios te bendecirá por ello.

Dios espera que vivamos una vida de sumisión porque Cristo mismo fue humilde y sumiso. No se consideró a sí mismo igual a Dios, sino que se humilló para ser como nosotros. Tomó forma de la humanidad y se sometió al Padre en todo lo que hizo. Dios espera que imitemos a Cristo y nos humillemos como Cristo se humilló. Cuando nos sometemos, Dios promete exaltarnos en el momento oportuno. El libro de Santiago es tan claro que debemos humillarnos ante el Señor, y Él nos exaltará.

Dios resiste a los soberbios, pero da gracia a los humildes. Nadie quiere ser resistido por Dios; todos necesitamos su gracia. Si quieres que Dios tenga más gracia contigo, tienes que ser sumiso a la autoridad. El propósito de toda autoridad es proteger y bendecir a los que están bajo su jurisdicción. Hay seguridad en la sumisión y la humildad; cuando te sometes a la autoridad, la autoridad se convierte en tu cobertura y protección. Al orgullo siempre le sigue la caída porque las personas orgullosas no se someten a la autoridad. La soberbia, la insubordinación, la rebeldía, la ingobernabilidad, la insumisión, el desafío y la oposición te expondrán a los peligros de la vida. Los humildes y sumisos están protegidos y son menos propensos a caer. La sumisión tiene como resultado su protección.

## ¿Debemos someternos a todos los líderes de la iglesia?

La sumisión no significa seguir ciegamente a los líderes sin preguntar. Ser sumiso no significa lealtad ciega o autoritarismo.

En la iglesia, Dios ha designado líderes como ancianos, pastores y pastores para supervisar el rebaño. En todos los niveles, los que tienen autoridad nunca tienen una autoridad absoluta. Cada líder dará cuenta a Dios. Todos los líderes, sin importar sus títulos, tienen que someterse a la autoridad. La Biblia siempre habla de tener líderes en la iglesia, no de un solo líder. La implicación es que, en toda organización, debe haber líderes para que haya responsabilidad. Estos son líderes que ayudan a supervisar la iglesia y el líder principal. Debe haber una pluralidad de ancianos sobre la iglesia local; ningún líder debe ser absolutamente independiente. La independencia absoluta podría significar una autoridad absoluta. Sólo Dios tiene autoridad absoluta sobre la iglesia.

El liderazgo plural salvaguarda contra cualquier abuso de autoridad.

Las palabras griegas para "obedecer" y "someterse" significan exactamente eso: obedecer y someterse. La obediencia implica seguir las instrucciones o mandatos. Es posible que una persona obedezca sin ser sumiso. Una persona puede obedecer por fuera mientras que por dentro está llena de ira, amargura y odio. Sólo porque la gente haga lo que tú le dices que haga no significa que sean sumisos. La sumisión es más una cuestión del corazón que una cuestión física.

La sumisión implica una actitud positiva y un espíritu de cooperación que nace de la confianza. La gente se somete a sus líderes porque confían en ellos. Se someten porque están convencidos que sus líderes tienen sus mejores intereses en el corazón. Es muy importante que los líderes creen un ambiente de confianza en sus organizaciones.

Los líderes autoritarios siempre impondrán estatutos creados por el hombre y reglas que son una carga para sus seguidores. Ellos siempre predican que la gente debe someterse a ellos sin dudar. Debemos recordar que los pastores no son ni infalibles ni perfectos. Solo deben someterse a sus pastores como ellos también se someten a Cristo, la cabeza de la iglesia.

La iglesia debe someterse a los líderes piadosos de la iglesia. Tú solo debe someterse a un líder cuando enseña la verdad de Dios, especialmente sobre las doctrinas esenciales y los mandamientos de la fe. Cualquiera que enseñe contra la Biblia no es digno de su sumisión Matthew Henry en su comentario dice que: "Los cristianos deben someterse a ser instruidos por sus ministros, y no se consideren demasiado sabios, demasiado buenos o demasiado grandes para aprender de ellos; y, cuando encuentran que las instrucciones ministeriales son conforme a la palabra escrita, deben obedecerla. Ultimadamente, el ministerio pastoral se centra en Cristo y su Mensaje, no en el pastor y su papel de mensajero. Y así obedecer y someterse a nuestros pastores es un llamado a estimar, respetar y obedecer la Palabra de Dios. Por eso se puede decir que 'un anciano, líder o cristiano sin Biblia es un anciano, líder o cristiano sin autoridad".

La autoridad del pastor no es intrínseca sino derivada; creyentes se les ordena someterse solo en la medida en que se les exhorta creer y aplicar la verdad bíblica. Dios nos dio un excelente ejemplo de sumisión mutua: La Trinidad se somete uno a otro. Dios Hijo se somete a Dios Padre, y Dios Espíritu Santo se somete a Dios Hijo, y, además, también Dios el Padre se somete a Su Palabra. Dios nunca violará su propia Palabra.

# Capítulo 10
# Pasar de Dependencia a Interdependencia

*Como el hierro se afila con el hierro, así un amigo afila a un amigo. (Proverbios 27:17 NTV)*

## Dependencia

Dependencia simplemente significa confianza en la funcionalidad proporcionada por algún otro componente externo. Una persona dependiente es como un bebé recién nacido que depende de su madre para todo. No puede alimentarse por sí mismo, no puede bañarse por sí mismo y ni siquiera puede hablar por sí mismo. En el ministerio, personas dependientes no pueden hacer nada por sí mismos. Dependen de alguien que ore por ellos, leer la Biblia e interpretar para ellos. Alguien tiene que seguir recordándoles que vayan a la iglesia el domingo o miércoles de estudio bíblico. Las personas dependientes no pueden iniciar nada. Las personas dependientes confían en lo que piensan los demás; consiguen su validación de lo que otras personas dicen o cómo los perciben. Esta gente tiene una mentalidad de carretilla. Una carretilla permanecerá donde usted dejó de empujarla hasta que alguien venga y la mueva.

Tenía un gerente que era excelente para alejarte de depender demasiado de él. Cada vez que llevaba un asunto o una pregunta para él como guía, él nos guiaba a encontrar la solución por nuestra cuenta. Era un maestro en preguntar,

"¿Qué opinas?" cuando en realidad fuiste tu quien se acercó a él en busca de ayuda en primer lugar. Él estaba tratando de cambiar nuestra forma de pensar para que no seamos demasiado dependientes de él por nuestra actuación. Mentalidad de dependencia o síndrome de dependencia hace que las personas esperen asistencia continua. Este enflaquece la iniciativa a nivel individual o comunitario— las personas dependientes nunca se desarrollan.

No hay nada de malo en pedir orientación y dirección; sin embargo, como líder, debe saber dónde poner límites. Trate de encontrar una solución para sus desafíos antes que usted traiga el informe a su pastor que no pudo hacerlo y usted espera que le dé una solución. Hágale saber de todos los demás esfuerzos alternativos que intento hasta que se quedó sin ideas y opciones.

Dios no quiere que seamos demasiado dependientes de otras personas para nuestro crecimiento espiritual. El crecimiento espiritual es nuestra responsabilidad; no podemos culpar a otra persona por nuestro crecimiento espiritual.

## Independencia

Una persona independiente está libre de la influencia o el control de otras personas. Un ejemplo de independencia es alguien que vive solo y se mantiene a sí mismo. En la mayoría de los casos la independencia conduce al egoísmo porque una persona así no preocuparse por otras personas y por lo que están pasando; esto es todo sobre él. A medida que el bebé crece y se convierte en un niño pequeño, alcanza una etapa donde todo se trata solo de él. No puede compartir sus juguetes con otros. Mientras esté satisfecho, está bien. Esto no es lo que Dios quiere que hagamos. Tenemos que trabajar con otras personas en el ministerio.

## Interdependencia

La interdependencia es el tercer nivel de crecimiento. Esto es dependencia mutua, conexión o correlación. En este nivel, un adulto se da cuenta de que no existe tal cosa como el éxito hecho a sí mismo. Todos fueron ayudados por alguien o algunas personas para estar donde están. Las personas maduras entienden que todos dependemos de otras personas, y a su vez, ellas dependen de nosotros. Mientras tú quieras que otras personas sean tu recurso, tú también debes convertirte en un recurso para ellos y para los demás.

La interdependencia es un paradigma de "nosotros", no de "yo". Se trata de varias personas mutuamente

dependientes unas de otras. Todos los líderes de la segunda silla que discutimos eran interdependientes; trabajaron juntos como un solo equipo. Estaban Pablo y Timoteo, Elías y Eliseo, Moisés y Aarón y José trabajo bien con el Faraón. Entendieron que no hay un "yo" en "EQUIPO". Dios quiere que pasemos de la dependencia a la interdependencia. Puedes ser un equipo, pero no puedes ser un equipo de uno. Los grandes líderes se han movido más allá del ámbito individual y hablan de la dinámica de equipo, iglesia, organización, comunidad y sociedad.

Como líder, debe centrarse en las relaciones interpersonales. Cuantas más relaciones saludables tenga, más recursos tendrá, y será más efectivo en el ministerio. La vida es, por naturaleza, altamente interdependiente. Para tratar de lograr la máxima eficacia a través de la independencia es como tratar de jugar al tenis solo y con un palo de golf.

La interdependencia es la capacidad de crear conexiones mutuas con otros compañeros, líderes y ministros que se dirigen en la misma dirección que tú. Los líderes interdependientes son sólidos en gestionar las relaciones hacia arriba, hacia abajo y lateralmente.

Las personas dependientes necesitan a los demás para conseguir lo que quieren. Las personas independientes pueden conseguir lo que quieren a través de su propio esfuerzo. Las personas interdependientes combinan sus propios esfuerzos con los esfuerzos de otros para lograr su mayor éxito. La interdependencia es una elección que las personas dependientes e independientes pueden hacer. Usted elige invertir en la construcción de relaciones saludables.

Las personas interdependientes se ocupan de sus propias necesidades mientras están al mismo tiempo preocupándose por las necesidades de los demás en lugar de complacer o ignorar a los demás.

La interdependencia conduce a la unidad; los diferentes equipos y ministerios en la iglesia comenzarán a trabajar unos con otros. El equipo de alabanza sabe que necesitan ujieres, el equipo de evangelización necesita al equipo de finanzas, el equipo de estudio bíblico necesita a equipo de oración, la escuela dominical necesita al equipo del ministerio juvenil. Estamos todos interconectados y necesitados unos de otros;

no debe haber equipos que trabajan en silos. No debería haber un equipo independiente en ministerio; el espíritu independiente muy probablemente conducirá a divisiones. El trabajo en equipo es cuando hacemos que el equipo funcione.

# Capítulo 11
# El Trabajo En Equipo Hace Que El Equipo Funcione

*El cuerpo humano tiene muchas partes, pero las muchas partes forman un cuerpo entero. (1 Corintios 12:12 NTV)*

Un equipo no es solo un grupo de personas que trabajan al mismo tiempo en el mismo lugar. Un equipo es un grupo de muy diferentes individuos que comparten el compromiso de trabajar juntos para ayudar a la organización alcanzar sus metas y su visión. Steve Jobs dijo que las cosas geniales en los negocios nunca las hace una sola persona, las hace un equipo de personas. Puedes ser un equipo, pero no puedes ser un equipo de uno. Proponte trabajar con otros para el éxito de la iglesia. Los líderes de la segunda silla hacen todo lo posible para construir equipos unidos cueste lo que cueste. Si no nos importara quién recibe el crédito, podríamos estar más unidos, efectivos, productivos y lograr más en la vida y cualquier organización con la que trabajemos.

El trabajo en equipo produce el trabajo de los sueños, y los grandes líderes crean un ambiente para que toda su gente brille. Líderes exitosos animan y desarrollan a su gente para trabajar como un solo equipo para obtener resultados en todo lo que hacen. El principio es que cuando usted mantiene unidad, conducirá al trabajo en equipo y, a su vez, al trabajo en equipo conduce al crecimiento de la iglesia. Es muy difícil trabajar juntos cuando no hay espíritu de equipo. El éxito de su ministerio depende en gran medida en el desarrollo de un equipo fuerte y unido con un profundo sentido de espíritu de equipo. Muchas iglesias no crecen porque los miembros del equipo no funcionan como un equipo sino como individuos.

Un espíritu de equipo nunca es accidental; siempre es intencional. Un equipo se forma cuando las personas se dedican a trabajar como una sola no importan los obstáculos y sus diferentes personalidades. Los miembros del equipo tienen que dejar de lado sus preferencias personales y concentrarse en la tarea en cuestión. El trabajo en equipo se basa en un propósito convincente, visión común, comunicación clara y un conjunto de valores sostenidos. Si alguno de estos tres no es parte del equipo, es casi imposible construir un equipo fuerte.

El liderazgo funciona mejor cuando hay colaboración y unidad. Pablo dio una analogía muy simple de cómo el cuerpo humano tiene muchas partes, pero todas funcionan como un solo cuerpo. El trabajo en equipo es cuando tienen muchos miembros y sin embargo un solo cuerpo, un solo propósito, una sola visión y una dirección. Nunca he visto un ojo que se niegue a ir a donde el cuerpo quiere ir. Tenemos que trabajar juntos si queremos lograr un objetivo particular. Los miembros del equipo deben aprender a ser colaborativo hacia un propósito particular. el principal y el enfoque común debe ser el reino de Dios.

John Maxwell dice: "Trabajar juntos precede a ganar juntos." No solo tiene razón, sino que esto también se erige como una verdad fundamental para el establecimiento de equipos significativos. Tú no puedes lograr nada juntos si no están trabajando como un equipo. Los miembros del equipo reúnen sus talentos y dones y trabajan como una sinfonía. Sinergia es cuando la cooperación de dos o más personas u organizaciones producen un efecto combinado mayor que la suma de sus efectos por separado. ese es el poder de trabajo en equipo.

La colaboración significa mucho más que simplemente trabajar juntos; significa trabajar juntos de manera sinérgica, agresiva y manera deliberada. No pueden estar unidos por accidente. Tú tienes que decidir estar unidos. La unidad tiene un propósito. Con el fin de ser colaborativo, debe tener la percepción y la actitud adecuadas.

El trabajo en equipo es esencial para el crecimiento y la vida de la iglesia. Nadie puede hacer todo por sí mismo. Un líder de cualquier organización o iglesia no debe tratar de hacer todo el trabajo del ministerio en la iglesia solo. Hay cosas que solo él puede hacer; sin embargo, hay muchas cosas que otros lideres y miembros pueden hacer. Recuerde, Dios le habló a Ezequiel solamente sobre profetizar a los huesos muertos; no le dio a Ezequiel toda la obra. Dios no da el trabajo a una sola persona, sino que da la obra del ministerio a todo el cuerpo. Hay algunas habilidades y talentos que quizás no tengas como líder. Deberías de dar a otras personas la oportunidad de ejercer sus dones en la iglesia.

Jesús también mostró el poder del trabajo en equipo en la alimentación de los cinco mil. Jesús no repartió el pescado y el pan individualmente a cada una de las cinco mil personas. El prefería compartir las responsabilidades con sus discípulos. El pidió a sus discípulos que dijeran a la gente que se sentaran en grupos. Una vez que la gente estaba en grupos, dio luego la comida a los discípulos, y ellos, a su vez, entregaron el pescado y el pan a los líderes de los grupos. Este proceso muestra un trabajo en equipo administrativo eficaz. Intentando hacer todo por ti mismo no es un método efectivo de liderazgo.

Dios no te llamó a ser un ministro de "Llanero Solitario"; Él te llamó a estar en el ministerio relacional. El cristianismo no es una religión, sino una relación entre el hombre y Dios, y todo funciona bien cuando hay una buena relación sana. El pueblo de Dios debe centrarse en trabajar juntos para la construcción del reino de Dios aquí en la tierra.

No importa cuán habilidoso sea un jugador de fútbol, ningún jugador ha ganado un juego solo. Todos nos necesitamos unos a otros; tenemos que trabajar en equipo. Michael Jordan, el famoso jugador de baloncesto de Chicago Bulls sabía que, aunque grande, no podía ganar por el mismo.

Un ejemplo perfecto de trabajo en equipo y cómo puede ayudar es cuando Jetro, el suegro de Moisés, le dio consejos sobre cómo liderar efectivamente como un equipo, no como un individuo. Moisés quería que todos los israelitas que tenían desafíos y problemas vinieran directamente a él en busca de ayuda. Se convertía en su consejero, trabajador social, juez, líder espiritual y guía. Su suegro le dijo que esto no funcionaría porque al final del día, estaba cansado e ineficaz.

Aunque Moisés era un líder ungido, su poder administrativo faltaban habilidades y posiblemente lo llevaría a una muerte prematura. Su estilo de liderazgo no era sostenible. no sabemos si Moisés estaba tan preocupado por el control que quería manejar todos los casos por sí mismo, o si no lo hizo introspección para pensar en un sistema más funcional y práctico.

Veamos su primera declaración cuando explicó su sistema a Jetro. Moisés estaba realmente preocupado por el control y el poder. Este es el tipo de actitud que está matando a nuestras iglesias hoy. El líder se siente necesitado y atribuye su valor a esa mentalidad.

"Moisés contestó: --Porque el pueblo acude a mí en busca de resoluciones de parte de Dios. [16] cuando les surge un desacuerdo, ellos acuden a mí, y yo soy quien resuelve los casos entre los que están en conflicto. Mantengo al pueblo informado de los decretos de Dios y les transmito sus instrucciones" (Éxodo 18:15-16)

Compruebe cuántas veces Moisés se refirió a sí mismo en esos dos versos, más de cinco veces. Volvamos y leamos los dos versos de nuevo. Quería mostrarle o probarle a Jetro cuánto el pueblo dependía de él. La primera respuesta que dio Jetro el versículo 17 decía: "Esto no es bueno". Cuando Dios le dio a Adán su esposa, Él dijo: "No es bueno que él esté solo". El necesitaba un compañero de equipo Gracias a Dios que Moisés tomó el consejo y lo implementó.

Moisés tuvo que aprender rápidamente el arte de delegar. Jetro propuso un sistema judicial, que era totalmente diferente de la práctica primitiva de adjudicación de un solo hombre. Él propuso que Moisés debería reclutar buenas personas que entrenaría y preparara como jueces. Establecería un sistema de tribunales para diferentes unidades sociales, y luego un "tribunal superior" sobre el cual Moisés presidiría. Este tipo de sistema involucraría a más líderes, pero salvaría a Moisés del agotamiento, y lo más importante, ayudaría a la comunidad a vivir en paz y armonía con menos conflictos y más estabilidad.

En la mayoría de los casos, las personas dominantes tienen un problema de confianza en los demás. Sienten que son los únicos que pueden hacerlo bien. La mayoría de ellos tienen poca reflexión y sentido común de habilidades administrativas. Tienes que comprobarte a ti mismo como líder y saber cuáles son sus fortalezas y debilidades para que otros puedan ayudar a cerrar la brecha del déficit. El liderazgo no es un espectáculo de un solo hombre. En una sinfonía, no puedes tocar todos los instrumentos solo. Tú no puedes ser un líder de adoración, cantante, predicador, ujier, asistente de estacionamiento, guitarrista, baterista y maestro de escuela dominical al mismo tiempo.

Los líderes dominantes se agotan rápidamente porque quieren controlar todo. Este tipo de liderazgo está lastimando y matando muchas organizaciones y ministerios en la actualidad.

No es bueno ser un líder que no es un jugador de equipo; vas a finalmente volverte ineficaz. Si quieres maximizar tu potencial, aprende a trabajar con otros. Tu nivel de colaboración revela tu corazón; tu debes tener la actitud correcta. No hay colaboración en el egoísmo. Solo el trabajo en equipo hace al equipo trabajar.

# Capítulo 12
# Manejar la Tensión de Contentamiento-Sueños

*Hay una temporada para todo, un tiempo para cada actividad bajo el cielo. (Eclesiastés 3:1)*

No puedo enfatizar lo suficiente la belleza y la satisfacción que vienen con estar contento con dónde estás. Las personas descontentas son fáciles de identificar. Siempre están quejándose, gruñones y negativos, sobre todo. Las personas que están contentas no siempre se quejan; tienden a tener una actitud más positiva. Una actitud positiva siempre conducirá a más oportunidades y mejores relaciones.

Para estar contenta, una persona primero debe estar contenta con quien es y lo que tiene en su vida personal. El comportamiento de las personas es un verdadero reflejo de lo que hay dentro de sus corazones. Jesús lo dijo claramente cuando dijo que lo que contamina a una persona es lo que sale de su interior. También enfatizó que, de la abundancia del corazón, la boca habla. Sólo podemos dar lo que tenemos. El que está lleno de alegría estará gozoso, el que está lleno de amor amará a los demás, y una persona que está llena de odio odiará gente. Una persona que está llena de amistad por dentro será amigable. La gente siempre te tratará como un reflejo de lo que está realmente pasando en sus corazones.

La pregunta que la mayoría de la gente tiene es, ¿no es una contradicción estar contento mientras tienes una visión o ministerio más grande que Dios quiere que cumplas? ¿No parece eso indicar que uno no esta contento con su vida? Yo creo que en absoluto. Simplemente significa que uno está contento con su vida, con lo que tiene y con quien es. Estar contento significa que la persona acepta siempre disfrutar de los desafíos y el viaje de la vida, pero todavía se está moviendo hacia un objetivo particular.

Lo que deseamos y queremos nunca están destinados a ser satisfechos. Los deseos humanos son como el agua del mar: cuanto más bebe, más sed tienes. La razón por la que nunca seremos satisfechos con los deseos es que buscamos llenar el vacío con posesiones o dinero, pero solo acabamos queriendo más. A veces tratamos de llenarlo con errores y cosas irrelevantes. Todas las cosas con las que tratamos de llenar nuestras vidas no son necesariamente cosas malas; sin embargo, una vez que se convierten en nuestros objetivos finales y nuestra razón de vivir, nos volvemos más descontentos porque nunca fueron destinados a cumplirnos. Desafortunadamente, nos decepcionamos y nos vaciamos cada vez más y más deprimido que cuando empezamos. Recuerda que siempre habrá alguien en peor situación que la tuya. El único lugar que nosotros realmente podemos encontrar la verdadera plenitud y contentamiento es en Cristo. Un líder que carece de confianza no liderará bien.

Los líderes de la segunda silla a menudo se enfrentan al desafío de encontrando satisfacción en donde están mientras sueñan con el futuro. Los líderes tienen sueños y visiones de dónde quieren llegar en la vida. Los sueños tienen un lugar en la vida, pero nunca deben reemplazar la realidad del presente. La vida es una serie de estaciones, y también lo es el liderazgo. La vida es una serie de fases, y Dios puede cumplir sus sueños y visión en fases. Tu temporada y fase actual no son tu fin. Dónde estás actualmente es solo una temporada; en el momento adecuado, pasarás a la siguiente fase de tu vida. A veces, la tensión entre los sueños y la alegría puede ser bastante severo. Como líder cristiano, tienes que aprender a contener el impulso interno interminable para un mañana más brillante. Tienes que estar agradecidamente contento con dónde estás hoy. Evita la tentación de compararte con otras personas.

Siempre habrá alguien con una casa más grande, un coche más rápido, un ministerio más grande que el tuyo. Se necesita un cierto nivel de madurez para entender que ahora mismo estás en el lugar donde Dios quiere que estes. Por ahora, enfócate en servir fielmente al Señor donde estés, y cuando llegue el momento oportuno, Dios te pondrá en el lugar correcto. Dónde estás ahora también es parte de la visión que Dios te dio. Debes tener una visión y el deseo de hacer más por el Señor, el ministerio y la gente, pero no permitas que las cosas y posiciones te definan. Estás completo en Cristo incluso sin un puesto. Se necesita madurez para estar contento y entender que cuando la temporada para tu próxima asignación viene, Dios te abrirá las puertas. No tienes que empujar o tratar de convencer a alguien. Una vez que el Señor abre la puerta para ti, nadie puede cerrarla.

El verdadero contentamiento no es algo que encontramos en las cosas, personas o circunstancias, sino que sólo puede ser descubierto en nuestras convicciones personales. El verdadero contento sólo vendrá aceptando a Cristo y teniendo fe que en El estamos completos. El contentamiento no se trata simplemente de conformarnos con lo que tenemos, sino confiando en lo que Dios ha dicho. Las posiciones y los títulos no nos hacen a nosotros. Necesitamos aceptar que Cristo es suficiente, y sus promesas son suficientes.

Solo puedes estar contento con dónde estás si te humillas y le pides a Dios que te ayude a entender que todas las situaciones, incluido la actual, son temporales. Nada es permanente en este mundo.

# Capítulo 13
# Deja un Legado

*La gente buena deja una herencia a sus nietos,*
*(Proverbios 13:22 NTV)*

*No hay nada que me cause más alegría que oír que mis hijos siguen la verdad. (3 Juan 4:1 NTV)*

Uno de los aspectos más importantes de los líderes es lo que sucede después de que se hayan ido. He visto caer grandes ministerios e iglesias después de la muerte del líder. Algunos de ellos ni siquiera se pueden rastrear unos años más tarde. También he visto algunos ministerios e iglesias que han seguido creciendo y tocando muchas vidas incluso después de que el líder ha muerto. Todos los líderes que conozco o con los que he trabajado, tienen una cosa en común: quieren dejar un legado. Enfócate en construir una iglesia, ministerio u organización que te sobreviva; niégate a dejar que la iglesia muera contigo.

Brooks y Stark definen el legado como lo que hace a una persona inolvidable. Tu legado no tiene nada que ver con tu posición; se trata de quién eres como persona. tu eres el que dejas un legado positivo, no tu posición. Puedes crear un inspirador legado de liderazgo sin importar tu posición en cualquier organización o iglesia.

El legado podría ser cualquier sistema de creencias, materiales o comportamientos que la generación actual pasa a la siguiente. Por legado, no solo estamos hablando de la transferencia de dinero, riqueza o bienes físicos sino también valores. El dinero es bueno y necesario; sin embargo, no es un legado duradero. La verdadera riqueza se encuentra en nuestros valores y sistemas de creencias. Nuestra herencia espiritual tiene más impacto que el dinero. En realidad, podría ayudar a sostener la situación financiera y patrimonio material más allá de nuestra presencia física. Estudios muestran que reciben las familias de la herencia económica, ya sea numerosa o pequeña, desaparece en un promedio de 17 meses. David Green, el fundador de Hobby Lobby, en su libro *Giving it All Away*, declaró que sólo alrededor del 30 por ciento de las empresas familiares sobreviven en la próxima generación. El otro 70 por ciento no sobrevive y transfiere con éxito a la siguiente generación. John Maxwell en su libro, *Las 21 Leyes Irrefutables del Liderazgo*, escribió: "Un legado es creado sólo cuando una persona pone su organización en posición para hacer grandes cosas sin él". Los líderes deben enfocarse en dejar un legado duradero.

Las personas observan cómo se comportan e imitan sus predecesores. Como líder, siempre debe planear dejar un legado duradero para su ministerio, iglesia y familia. Legado es cuando un líder utiliza su ministerio para cambiar vidas. Tenemos que hacer los cambios necesarios para que podamos transmitir el comportamiento correcto, la influencia y cultura a la siguiente generación. No podemos darles lo que no tener. No podemos enseñarles lo que no sabemos. Nosotros tenemos que pasar nuestra herencia espiritual y financiera a la próxima generación. El legado espiritual incluye enseñarles a orar, leer la palabra, y servid a Dios. Pablo dio un excelente ejemplo de un buen legado cuando transfirió todo lo que sabía a Timoteo. Hoy en día todavía estamos disfrutando de su legado. Los líderes deben centrarse en los efectos a largo plazo de sus decisiones, las decisiones que tomamos hoy afectarán a muchas generaciones venideras.

El legado de un pastor puede ser determinado por el liderazgo que él pone en su lugar y las personas que discípula. es tan importante pasar tiempo y enfocarse en construir el estado emocional y salud espiritual de la iglesia. Los cristianos espiritualmente sanos están arraigados en Cristo. Es más importante construir una iglesia espiritualmente saludable que una iglesia grande y llena de gente. Sólo perdurará el legado espiritual; multitudes que no son espiritualmente maduros no durarán mucho porque se centran en satisfacer sus necesidades egoístas personales y lo que pueden salir de ti. La iglesia no debe estar centrada alrededor de una persona sino de Cristo porque Él es el mismo ayer, hoy y para siempre. Cristo nunca cambiará. Los líderes deben orar para el crecimiento espiritual de sus miembros, especialmente en el área de la oración y la lectura de la palabra de Dios por sí mismos.

Los líderes deben ser modelos a seguir de una mayordomía fiel, tanto económica y espiritualmente. Tu vida debe servir de ejemplo a la iglesia porque la gente mira cómo vives y lo que haces. Invierta en la vida de sus miembros. Se más que un predicador—sé un maestro. Su ministerio tendrá un impacto duradero en la vida de las personas cuando se dan cuenta de que te preocupas por ellos y ve valor en ellos.

Mientras influyas en el cambio en la vida de las personas que te rodean eres un líder. Tienes que dejar a los demás con un legado duradero. No quieres que tus esfuerzos, ministerio y proyectos sean en vano. No se puede construir un legado duradero con multitudes. Jesús sabía desde el principio que para que el ministerio durara, Él tuvo que concentrarse en el pequeño grupo de 12, no en los 5000. Pasó mucho tiempo entrenándolos y explicando parábolas y conceptos de tal manera que cuando se fue, sabía que se dejaba un grupo sólido que dependería de su entrenamiento y el poder del Espíritu Santo para el éxito de su ministerio.

Identifica un grupo pequeño al que guiarás y discipulares uno en uno. No se puede discipulares multitudes; tendrás un mayor impacto cuando te enfocas en un grupo más pequeño. La clave para un discipulado efectivo es enfocarse en impactar las vidas que impactarán otras vidas. El ministerio se multiplica cuando llegamos a otras personas y los capacitamos para llegar a otros. Una de las características de los grandes líderes es que asumen como su responsabilidad elevar y equipar a otros que son llamados al ministerio. Ellos toman el tiempo para enseñarles a ser buenos mayordomos de su llamado. La fidelidad Bíblica es fundamental para los líderes cristianos que dejan legados.

Cualquier líder que quiera dejar un legado duradero deberá cambiar su perspectiva sobre lo que realmente es un liderazgo exitoso. Tales líderes son seguros, confiados y humildes. Lideres seguro y confiados, especialmente entre los creyentes, saben que su seguridad y su confianza vienen del Señor. Confianza simplemente significa aferrarse y confiar en que Dios cumplirá lo que Él nos prometió. Los líderes que dejan un legado usan su poder y su autoridad para servir a otras personas.

Lo sepas o no, estás dejando un legado; la única pregunta es ¿qué tipo de legado estás dejando? Kouzes y Pisner dice: “El legado que dejas es la vida que vives”.

La pregunta que siempre debes hacerte es: "¿Estoy en este mundo para hacer algo o estoy aquí solo por algo para ¿hacer?" Estar aquí para hacer algo significa que estás listo para hacer cualquier cosa que se te presente. Si estás en este mundo para hacer algo en particular, entonces ¿qué es lo que debes hacer o ¿concentrarse en? Esta es una cuestión de tu propósito para vivir. Esto no es una pregunta matemática, por lo que no hay una única respuesta correcta. Todos tenemos nuestras propias tareas como individuos.

Naciste con un propósito. Solo porque no sabes tu propósito no significa que no tengas un propósito. Tú no puedes permitirte simplemente dejar tu legado al azar. Tienes que redactar y crear conscientemente tu propio legado. Tienes que empezar a concentrarte y hacer las cosas que más te importan. Tú también debes entender que no todo el mundo va a valorar lo que es importante para ti; por lo tanto, no te enojes cuando algunas personas no apoyen lo que haces. A medida que te enfoques en hacer lo correcto y lo que te importa, a veces tendrás que hacer opciones y decisiones impopulares con respecto a tus carreras, escuela, estilo de vida, asociaciones, iglesia y ministerio. Es importante hacer las elecciones correctas en la vida porque cada elección que hagas se convierte automáticamente en parte de tu legado. Mientras vives tu vida día a día, estás creando un legado. Tu legado es la suma total de la diferencia que hubieras hecho en la vida de las personas.

El éxito en el liderazgo no solo se mide en números, sino también en lo que haces para cambiar la vida de otras personas. El liderazgo auténtico se enfoca en servir a los demás. Todos los grandes líderes se enfocan en prestar un buen servicio a las personas que lideran. Lo que sea la diferencia que hagas en la vida de las personas se convertirá en tu legado.

# Capítulo 14
# Mira a tu Líder Principal Como Un Regalo de Dios

*Y a unos los constituyó apóstoles, a otros profetas, a otros como evangelistas, y algunos como pastores y maestros, 12 para la preparación de los santos para la obra del servicio, a la edificación del cuerpo de Cristo. (Efesios 4:11-12)*

*Un poco más adelante por la orilla, vio a otros dos hermanos, Santiago y Juan, sentados en una barca junto a su padre, Zebedeo, reparando las redes. También los llamó para que lo siguieran. (Mateo 4:21)*

*Toda la Escritura es inspirada por Dios y es útil para enseñar, reprender, corregir e instruir en justicia, para que el siervo de Dios sea enteramente equipado para toda buena obra.*
*(2 Timoteo 3:16-17)*

*Y el Dios de paz, que por la sangre del eterno pacto resucitado de entre los muertos nuestro Señor Jesús, ese gran Pastor de las ovejas, os perfeccione con todo lo bueno para hacer su voluntad, y que obre en nosotros lo que le agrada a El, por medio de Jesucristo, para a quien sea la gloria por los siglos de los siglos. Amén.*
*(Hebreos 13:20-21)*

Su líder es un regalo de Dios. Su tarea principal es equipar o preparar a la iglesia para la obra del ministerio. La palabra en griego para reparar o

equipar en todos estos versos es *katartizo,* que significa reparar y preparar para un propósito. También podría significar renovar, completar o perfeccionar o dotar de propiedad intelectual o recursos emocionales. Cuando los primeros lectores de estos pasajes vieron la palabra *katartizo* en el uso cotidiano, la entendieron muy bien. La palabra se usaba comúnmente para terminar o completar algo y preparándolo para su uso, como una red de pesca, un bote, una casa, etc. El propósito de estar equipado era que el equipo estaría completamente preparado o restaurado y listo para servicio. Esto es exactamente lo que Dios quiere hacer en nuestras vidas.

Tu pastor está allí para prepararte y ayudarte a lidiar con tus desafíos espirituales e incluso emocionales para que estés listo para el ministerio. La sanación emocional es muy importante si quieres para hacer la obra del ministerio.

En Mateo 4:21, los dos hermanos Santiago y Juan fueron remendando o preparando sus redes para que al día siguiente cuando comenzaran su turno, las redes estarían listas para el servicio. En el caso de que las redes se rompieran, las remendarían, las limpiarían, y juntarían de nuevo. Pablo usó la misma palabra en Efesios para recordarnos que somos salvos para el servicio en el reino de Dios. Sin embargo, antes de que podamos servir, necesitamos estar reparados y preparados primero. Como líder, debes permitir que Dios use sus herramientas para reparar tu corazón roto.

No puedes caminar correctamente con una pierna rota. Tú no puedes hacer ministerio con un corazón quebrantado. Las personas rotas sangran, y si no estás curado, desafortunadamente, sangrarás en personas inocentes. Si no estás curado emocionalmente, será difícil conectar contigo su gente y construir relaciones genuinas. Dios nos dio líderes como apóstoles, profetas, evangelistas, pastores y maestros para prepararnos para la obra del ministerio.

Todos nosotros tenemos un propósito. Naciste con un propósito, y la iglesia actúa como una base desde la cual te lanzas a ejecutar tu propósito. Tu líder te es dado para prepararte para el cumplimiento de su propósito; te preparara para descubrir y cumplir tu propósito. Cada vez que veas a tu líder, reconócelo como un regalo. Cuando recibimos regalos, los apreciamos, amamos y usamos para nuestra conveniencia. Su propósito es equipar a los santos. Los líderes están ahí para reparar (reparación) de los Santos. Agradecemos a Dios por darnos un regalo tan grande.

Sí, ese pastor es para alimentar a su rebaño. Él debe decirnos cuál la Biblia dice y ayúdanos a crecer como ovejas de Dios. Y como puedes ver en este versículo, el regalo es dado desde el propio corazón de Dios. Es el deseo de Dios que el pastor nos ayude. Es la voluntad de Dios que el subastar nos cuide. Ese asunto del pastor es la voluntad de Dios por completo. Ahora les mostraré algunos de los trabajos que la Biblia le ha dado al pastor, luego aplícala a tu vida diaria y cómo te afecta.

El pastor debe usar la palabra de Dios para ayudarnos a perfeccionarnos. Es por eso que Dios nos dio la Biblia y un predicador que nos la predique. El perfeccionamiento se hace suministrándonos completamente. Cuando somos salvos, es como limpiar nuestra casa. Dios te salvó del estilo de vida en el que estabas. Dios te hizo una nueva criatura. Así que tienes una casa vacía el pastor debe darnos cosas piadosas para llenar la casa para hacerla digna de Jesús viviendo en tu corazón.

Un regalo es algo por lo que decimos gracias, ¿no es así? ¿Pero cuando fue la última vez que agradeció a Dios por su pastor? un regalo es algo que apreciamos (al menos yo lo hago), pero ¿apreciamos a nuestros pastores?

El punto es este: tu pastor es un regalo directo del cielo. Sus palabras y aliento están destinados a edificarnos como cristianos. Sin embargo, ¿con qué frecuencia ponemos los ojos en blanco o lo ignoramos o nos dormimos durante el sermón por el cual el oró y pidió a Dios por dirección?

Por otro lado, cuando una iglesia está seleccionando su liderazgo,

¿ves lo importante que es la oración? Si cada pastor es elegido por Cristo y dotado solo por Cristo, entonces será mejor que busquemos la voluntad de Dios en el asunto. La falta de oración, adelantarse a Dios, sólo nos meterá en problemas.

Porque no se equivoquen, es Dios quien le da a la iglesia un pastor, un maestro que está dispuesto a decir la verdad en amor y tomar la muy seria tarea de guiar al pueblo de Dios. Entonces, en lugar de refunfuñar, en vez de quejarnos, en vez de dormir, agradezcamos al Señor por sus dones. Demos gracias al Señor por nuestros pastores, que son un regalo del mismo Cristo Jesús, quien es absoluto, perfecto, y cien por ciento el mejor dador de regalos que conozco.

Contempla y evalúa: ¿Eres agradecido y solidario del liderazgo de tu iglesia? Te sugiero que honres a tu pastor con aliento y apoyo cuando sientas que Dios te está dirigiendo.

# Capítulo 15
# Como Dejar Tu Iglesia

*No empleen un lenguaje grosero ni ofensivo. Que todo lo que digan sea bueno y útil, a fin de que sus palabras resulten de estímulo para quienes las oigan. (Efesios 4:29)*

Cuando llegue el momento de dejar la iglesia, el ministerio u organización, haga todo lo posible por irse en paz. Cuando sientas como que es hora de que te vayas, hazlo de una manera cristiana en lugar de

siempre quejándose. No hay nada de malo en irse voluntariamente si llegas a un callejón sin salida; sin embargo, debes verificar tu corazón y asegúrate de que no te estás yendo por enojo sino en una manera pacífica.

Los buenos líderes dejan su organización en mejor forma que lo encontraron Dejan a la organización en una mejor posición financiera que cuando llegaron. No crees el caos cuando te vayas. Siempre es bueno irse, pero aun así mantener relaciones saludables. La vida es muy impredecible; nunca sabes a quién necesitarás o cuya referencia necesitarás en el futuro. Tu reputación es tu activo más valioso; debes guardarla celosamente.

No hables mal de tu líder anterior, pastor o supervisor. La forma en que hablas de ellos se refleja en tu carácter y revela tu corazón. Recuerda, cuando alguien habla mal de otra persona en tu presencia, cuando salgas lo más probable es que tu seas el próximo tema en su agenda.

Que ninguna palabra o comunicación corrupta salga de su boca cuando te vas. No destruyas intencionalmente tu camino, conexiones, reputación u oportunidades con la iglesia que te marchas. Incluso si la separación no fue en buenos términos, no quemes tus puentes al salir, porque nunca sabes con quién te encontrarás de nuevo. Vivimos en un mundo tan pequeño, no importa lo tentado que puedas estar, haz todo lo posible por mantener las líneas de comunicación abiertas.

No hay razón para hacer enemigos cuando te separas de tu pastor principal; también te gustaría que hablaran bien de ti. Tu reputación te precede dondequiera que vayas. Una buena reputación en última instancia trabajará a tu favor.

## Cosas importantes para recordar cuando te vayas

### *Dígaselo primero a tu líder principal o pastor*

Se transparente con tu líder. Una vez que hayas decidido irte, tu pastor debe ser el primero en saberlo. Tu pastor no debe escuchar las noticias de nadie más. Que el líder decida si anunciará la noticia en una reunión de equipo o correo electrónico o si será el encargado de informar a las personas clave de la organización. Tú debes establecer una cultura inicial en tu organización para mantener la fábrica de rumores a raya. Cuando eres honesto y directo sobre tus planes, eres dueño de la narrativa. Cuanto más transparente eres, más probable es que conserves y construyas sobre las relaciones que ya tienes.

Tus antiguos compañeros de ministerio y compañeros de trabajo son una valiosa parte de tu red. Necesitas mantener esas relaciones sanas e intactas.

## No Chismes

*Un chismoso traiciona la confianza, pero una persona de confianza mantiene un secreto. (Proverbios 11:13)*

*Una persona perversa suscita conflicto, y el chisme separa cerca amigos. (Proverbios 16:28)*

*Con la boca los impíos destruyen a su prójimo, pero por conocimiento los justos escapan. (Proverbios 11:9)*

Recuerda que no hay secretos ni conversaciones extraoficiales en el lugar de trabajo.

Por mucho que te ofendas, evita difundir rumores o chismes sobre tu líder. No tienes que destruir la reputación de otras personas para ser una mejor persona. Nunca hagas el error de dar diferentes motivos de tu partida a diferentes grupos; volverá y dañará su reputación. Debe ser solo una historia, contada de una manera, y si te apegas a ella, nadie puede decir que escuchó algo diferente.

Cuando empiezas a chismear sobre tu pastor, o cualquier persona quien te ha agraviado, estás alimentando las llamas. Evita cualquier forma de chisme a toda costa. Hay muchas amistades que se han roto debido a los chismes. Cuando escuchas que una persona en quien confiaste ha estado hablando mal de ti, la confianza se romperá. El chisme no ayuda con la reconciliación, solo trae más divisiones. Algunas personas sienten que se vuelven mejores al destruir la reputación de otras personas o hablando mal de ellas. La forma que tus hablas de otras personas es un fiel reflejo de tu corazón, porque de la abundancia del corazón habla la boca.

Independientemente de sus razones para abandonar, tienes una última responsabilidad a tu iglesia u organización. No les des razones para arrepentirse de tu asociación, membresía o afiliación con ellos. Asegúrate de no dejar a tu pastor en un aprieto; has lo mejor para colaborar con él.

Discute con él cómo debe atar los cabos sueltos. Tú quieres que el pastor principal se sienta más que positivo acerca de tu integridad aun en tu partida. Siempre hay una gran probabilidad de que sus caminos se vuelvan a cruzar. Siempre es emocionante reunirse más tarde en la vida cuando se separaron de una manera saludable.

## Expresa gratitud

A veces no es fácil dejar a la gente con quien has estado trabajando durante mucho tiempo. Tienes que adoptar una mentalidad apreciativa sobre el puesto y las personas que estás dejando atrás. Incluso en las peores situaciones, hay partes que disfrutas y compañeros con los que te gusta trabajar. Necesitas ser agradecido por las cosas que salieron bien. Sería bueno enviar algunos obsequios de despedida modestos o notas reflexivas para tu pastor, líder, supervisor directo, mentores y otros con quien tú has servido. Dejar una buena y positiva impresión funcionará para tu ventaja. Podrías dejar notas como "Estoy agradecido de haber trabajado con un grupo tan maravilloso de personas" o "Aprecio el tiempo que pasaste guiándome y ayudándome a hacer crecer mis habilidades y en el ministerio."

Si está tratando con un líder que toma tu partida personalmente, solo confía en Dios que Él lo ayudará a entender que hay una temporada para todo bajo el sol. A veces no es productivo tratar de hacerle cambiar de opinión. Habla libremente con los otros miembros y colegas. Podrías tener la tentación de ser brutalmente honesto cuando te vayas y quieras dar información detallada sobre todo lo que está mal con la iglesia o el ministerio. Este no es el momento adecuado para dar comentarios o consejos que desearía haber dado mientras formabas parte de la organización. En este punto, tus comentarios no van a cambiar de iglesia u organización. Evita la tentación de desahogarte y conversaciones emocionales. En caso de que tengas algunas diferencias con tu pastor, trátelos de una manera piadosa y saludable.

# PARTE D
# Como Liderar desde la Segunda Silla

*Y vosotros debéis imitarme, así como yo imito a Cristo.*
*(1 Corintios 11:1 NTV)*

Las personas siguen a sus líderes, y como líder, debes poder hablar como Pablo y animar a tus seguidores a imitar y seguir tu ejemplo. Ser un líder que valga la pena seguir hará entre otras cosas lo siguiente:

- Ora por sus líderes y sus familias.
- Concéntrese en hacer realidad la visión de su pastor
- Sea una fuente de aliento y aprecie su líder
- Sea fiel, esté disponible y sea enseñable
- Mantenga un espíritu positivo
- Recibir amonestación con gracia
- Comuníquese con su pastor
- Sea un líder ejemplar

# Capítulo 16
# Ora por tus líderes y sus familias

*Os exhorto, en primer lugar, a orar por todas las personas. Pídele a Dios que le ayude a ellos; intercede por ellos, y da gracias por ellos.2 Orad así por los reyes y por todos los que están en autoridad para que podamos vivir vidas pacíficas y tranquilas marcadas por piedad y dignidad. 3 Esto es bueno y agrada a Dios nuestro Salvador. (1 Timoteo 2:1)*

D.L. Moody dijo: "*Cada movimiento de Dios se puede rastrear de vuelta a una figura arrodillada.*"

Nunca socaves el poder de la oración; tu pastor necesita tus oraciones. No importa lo que hagas para mostrar tu apoyo a tu pastor, nada se puede comparar con la oración. El mejor regalo que puedes ofrecer a tu pastor es orar por él. La gente puede ofrecer sus manos hasta que se agoten todos de servir o den dinero por muchos proyectos y causas en la iglesia o hacer todo tipo de cosas increíbles juntos como iglesia, pero ninguna de estas buenas obras será siempre un sustituto del poder cubriente y edificante de la oración.

Para mostrar apoyo real a tu pastor, comprométase a orar efectivamente por él y su familia todos los días. Solo imagina el animó que tu pastor sentirá al saber que tú y tu familia están orando por ellos todos los días. Sus corazones se alegrarán al saber que pueden compartir una necesidad o una preocupación contigo y tu familia y lo llevarás al Señor en su nombre.

Si no lo sabías, muchos pastores y sus familias se sienten muy solos aun en medio de sus iglesias. Los pastores experimentan momentos en que los desafíos parecen imposibles. La mayoría de los pastores no tienen amigos cercanos en la congregación con quienes puedan compartir sus desafíos y cargas. Recuerda, la familia del pastor es como la tuya; también tienen desafíos, luchas y problemas. Los pastores no son inmunes ni supresores; son susceptibles a las mismas debilidades que cualquier otro cristiano. Se el amigo confiable que siempre está disponible cuando tu pastor necesita un hombro para llorar. Se ese amigo con quien el pastor puede ser vulnerable y literalmente puede llorar en tu presencia sin una sensación de ser juzgado. Tu pastor necesita que te comprometas a una ferviente y continua oración para que el enemigo no tenga la oportunidad de hacerle daño a él, a su familia y a la iglesia. Se él intercesor número uno de tu pastor. Los pastores necesitan tus oraciones por muchas razones, pero principalmente porque son siempre el objeto de las flechas llameantes del maligno, el mundo está deseoso de correrlas en cualquier oportunidad, y los medios están esperando para celebrar su caída.

Los pastores están experimentando tanta presión,

oposición y dificultades internas y externas, siempre necesitan que ores por ellos. El pastor necesita las oraciones de las ovejas tanto como las ovejas necesitan sus oraciones. El ministerio de tu pastor sólo será eficaz como la oración que lo alimenta. Aquí hay algunas formas específicas que tu familia pueda orar por tus pastores y sus familias:

- Que los pastores y líderes puedan mantenerse diligentemente curso
- Por la unidad en su iglesia
- Por su coraje y fuerza
- Para que aumente su sabiduría
- Que puedan cumplir los mandatos de la Escritura y ministrar con espíritu humilde
- Que estarán equipados para ministrar desde el Poder del Espíritu Santo
- Por las familias de tus pastores
- Que sean personas de oración y de palabra
- Para su protección espiritual contra los esquemas del diablo
- Que su enfoque aumentará

Reclute tantas personas como puedas para orar regularmente por tus pastores y sus familias. Es importante que los cubran en oración los siete días de la semana. Pídele al Señor que te muestre más cosas puedes hacer para mostrar tu amor y aprecio a tu pastor.

# Capítulo 17
# Concéntrese en Hacer la Visión de su Pastor Una Realidad

*"Donde no hay visión, el pueblo perece; más el que guarda la ley, feliz es él." (Proverbios 29:18 RV)*

La visión de tu pastor siempre debe ser una prioridad. Evita la tentación de empujar tu propia visión o agenda dentro de la visión principal. No hay iglesia u organización que pueda sobrevivir con dos visiones; dos visiones siempre conducen a la di-visión. Dios dio a tu pastor una visión. Por favor, trabaja con él para hacerlo realidad. Dios te pondrá en esa posición para ayudar a tu pastor, no para competir con o criticarlo.

Cada sermón tiene un propósito y un objetivo. Sé el primero en mostrar apoyo a tu pastor o líder cooperando con él y ser hacedor de la palabra de Dios. Sé el primero en diezmar o dar cuando sea el momento de hacerlo, lidera con el ejemplo. Cuando hay recaudación de fondos para cursos como misiones, fondos de construcción o cualquier otro proyecto, es el primero en apoyar a tu pastor. Haz tu mejor esfuerzo para concentrarte en ayudar a que la visión de tu pastor tenga éxito.

Visión simplemente significa ver el producto final incluso antes que comiences. Una visión da un sentido de dirección. Hay una diferencia entre la visión y la vista; por eso hasta una persona ciega puede ser un líder. Una persona ciega puede no tener vista, pero una visión para una organización o familia. La visión sirve como propulsor para cualquier organización para seguir adelante. No puede permitirse liderar una organización sin una visión.

Cuando la visión es clara y las personas saben a dónde van, pueden fácilmente dejar de lado muchos problemas menores y enfocarse en el panorama general y el futuro que vale la pena su sacrificio. Una visión sostiene a las personas en tiempos difíciles y turbulentos; siempre les recuerda el propósito detrás de su ministerio. En organizaciones e iglesias donde la visión es clara, hay menos peleas y discusiones. Si usted como líder siempre está apagando incendios, haga un poco de auto introspección y asegúrese de que sus miembros y el liderazgo entiendan su visión. Pase tiempo, al menos una vez al año o tan a menudo como sea posible y comparta su visión con su iglesia. Siga recordándoles a sus equipos y miembros de su visión para que todos tengan el mismo punto de enfoque. He descubierto que la gente no te apoya; ellos apoyan tu visión. Cuanto más clara sea la visión, más apoyo obtendrá de su gente. Una visión clara unirá a su gente y les dará esperanza. Una visión sostiene a las personas en situaciones difíciles y problemáticas; siempre les recuerda el propósito detrás de su ministerio.

Si tiene un proyecto que resuena o atrae a su conciencia, la gente te apoyará financieramente de todo corazón, físicamente, y de otra manera. Establecer una visión clara y convincente guiará los esfuerzos de los líderes y los mantendrá en movimiento.

# Capítulo 18
# Sea Una Fuente de Aliento y Aprecie a Su Líder

*"Como el hierro se afila con hierro, así un amigo se afila con su amigo."* *(Proverbios 27:17 NTV)*

Apreciar significa dar un merecido reconocimiento al trabajo que hace alguien. También significa respetar y tener consideración positiva hacia ellos. Tu pastor necesita tu ánimo. Es importante entender el lenguaje de amor de tu pastor servirlo de una manera que lo haría sentir animado y apreciado. Garry Chapman en su libro más vendido del Nueva York Time, *Los Cinco Lenguajes del Amor*, analiza los cinco lenguajes de amor que cada uno de nosotros habla. Tu lenguaje de amor es tu interpretación y comprensión de lo que significa ser amado. Creo que podemos usar los mismos principios para mostrar nuestro amor y apoyo a nuestros pastores y líderes principales. Estos son los cinco lenguajes del amor que el analiza:

## Palabras de afirmación

Usa palabras para afirmar y felicitar a las personas que se sienten amadas. O muestran su amor a través de elogios verbales, cumplidos y expresiones de amor. Significa decir lo supuesto y lo tácito acerca de alguien. Decir palabras de agradecimiento significa el mundo a la persona.

Expresar aprecio y gratitud a la
persona en palabras significa que la amas.

## Actos de Servicio

Para estas personas, las acciones hablan más que las palabras, y el verdadero amor se demuestra haciendo cosas por ellos. Esté alerta a cualquier oportunidad que se te presente para servir y hacer uso de ella. Este disponible para ayudar a su líder cuando necesita sus pensamientos, esfuerzo o incluso energía física. A veces puede necesitar a alguien para ayudar a empacar sillas, enseñar una clase de escuela dominical, limpiar la iglesia, o ayudar como ujier. Cualquier acto de servicio dice mucho.

## Recibir Regalos

A algunas personas les gustan las cosas o los regalos para sentirse preciadas. Ellos aman recibir regalos que van desde pequeños obsequios hasta entregas sorpresas. Ellos aprecian si les compras algo que han estado esperando por un tiempo, envíales un paquete sorpresa o registración para una clase que han querido tomar.

## Tiempo de Calidad

Esto significa darle a alguien toda tu atención. Pasar tiempo juntos en un ambiente relajado. Estar emocionalmente presente con él y préstale toda tu atención. Escúchalo cuando él comparte su corazón y preocupaciones sobre el ministerio o su vida personal. Tu pastor puede necesitar tu atención, especialmente cuando hay un conflicto o experimenta algún dolor emocional. al tiempo de calidad pueblo, escuchar es un verdadero don de amor. Este podría ser tu oportunidad de mostrarles compasión y apoyo.

## Toque Físico

Toque apropiado como darse la mano, palmaditas en la espalda o un abrazo significará mucho para una persona cuyo lenguaje de amor es toque físico.

Según Chapman, las palabras de afirmación es el lenguaje de amor primario común para mucha gente. No te pierdas la oportunidad para hacerle saber a su pastor cuánto lo aprecias. Los lenguajes de amor más comunes son:

- Palabras de afirmación: 23%
- Tiempo de calidad: 20 %
- Actos de servicio: 20%
- Contacto físico: 19 %
- Recibir regalos: 18%

Aprender el lenguaje de amor de tu pastor te ayudará a crear un vínculo más fuerte en tu relación. Puede que descubras el lenguaje de amor de tu pastor observando su comportamiento. ¿Que hace que se encienden? ¿Qué lenguaje dan más fácilmente a los demás? O simplemente preguntándoles.

Haz todo lo que puedas para inyectar vida en el alma de tu pastor, edificarlo, animarlo, levantarlo, inspirarlo y bendecirlo en Cristo. Comunícate con él y hazle saber cuánto significa su servicio para ti. Muestra amor y bondad, es un conducto de gracia, esperanza y amor para edificarlo. Se una fuente de motivación. Se considerado y ayúdalo a ser espiritual, emocional y con su rejuvenecimiento físico y mental.

# Capítulo 19 Dios Ama a las Personas FDE Sea Fiel, Disponible y Educable

## Sea un Líder Servidor Fiel

*Si son fieles en las cosas pequeñas, serán fieles en las grandes; pero si son deshonestos en las cosas pequeñas, no actuarán con honradez en las responsabilidades más grandes.*
*(Lucas 16:10 NTV)*

La fidelidad es el núcleo de la integridad, la sinceridad y la confianza. La fidelidad es el pegamento que sostiene el ministerio junto. Ningún ministerio, relación o iglesia puede sobrevivir sin liderazgo fiel; incluso la sociedad no puede funcionar normalmente sin ella. Sed firmes y constantes en vuestro servicio y ministerio. La consistencia y la confiabilidad es la única forma en que uno puede construir confianza. Dios bendice y aumenta la fidelidad en Su ministerio.

Hay una diferencia entre estar involucrado y estar comprometido. Estar involucrado es cuando haces algo por conveniencia, mientras que estar comprometido significa dar todo lo que tienes. Una

muy buena ilustración está en un tocino y un sándwich de huevo. Se han involucrado dos animales para que disfrutes el tocino y el huevo. La gallina puso el huevo y siguió viviendo, mientras que el cerdo tuvo que morir para que disfrutaras del bocadillo. Para cuando te comes el sándwich, el cerdo está muerto, mientras que hay una posibilidad de que el pollo siga vivo. El pollo está involucrado, mientras que un cerdo se comprometió. ¿Está usted involucrado o comprometido con el ministerio? Estar comprometido con el ministerio; no seas la razón por la que tu pastor pase las noches en vela e inquieto. Esté disponible para ayudarlo, bríndele todo el apoyo que necesita.

Vale la pena mencionar que no somos salvos por nuestras buenas obras, sino por la gracia de Dios. No hay cantidad de servir en la iglesia, ministerio o comunidad que puede salvar a alguien. Efesios 2:9 es muy claro que no somos salvos por nuestras buenas obras porque Dios no quiere que nadie se jacte de ellas. Nosotros somos salvos por la gracia de Dios y por la fe en Él solamente. Aunque no somos salvos por nuestras buenas obras, Dios espera que nos arrepintamos y comencemos a hacer buenas obras después de que seamos salvos. Verso 10 enfatiza que no somos salvos por las buenas obras, sino que somos salvos para buenas obras.

Cuando servimos a las personas, estamos cambiando vidas. Un liderazgo verdadero es cuando te enfocas en ayudar y cambiar la vida de las personas que estás liderando. Como líder, debes apoyarlos y ayudarlos a crecer en su relación con Dios y las personas, metas académicas, paternidad, carreras, administración financiera y muchos otros aspectos de sus vidas.

El liderazgo es influyente, y la verdadera influencia implica construir confianza y una relación, haciendo que las personas alineen sus puntos de vista y valores con los suyos propios para lograr un objetivo en particular. No puedes influir en una persona hasta que te perciba como alguien que está ahí para servirle Tienes que ayudarlo a traer un cambio real en su vida. Las personas vendrán a tu iglesia cuando saben que estarán atendidos, cuidados y sus vidas se verán impactadas de manera positiva.

En los años 70, Robert Greenleaf en el Seminario Teológico Fuller en Pasadena introdujo el concepto de Liderazgo de Servicio. Yo creo que el primer líder siervo fue el mismo Jesucristo. Jesús continuaba enfatizando que "*El que es mayor entre vosotros será vuestro servidor.*" (Mateo 23:11)

Como líder servidor, primero eres un servidor antes de ser llamado un líder. Larry C. Spears, expresidente de Robert K. Greenleaf Center for Servant Leadership en Pasadena, enumera las siguientes 10 características más importantes como pilares de líderes servidores: mayordomía, compromiso con el crecimiento de personas, escuchar, empatía, sanación, conciencia, desinterés, conceptualización, prospectiva y construcción de comunidad.

Los líderes servidores sirven a las personas a quienes lideran, no al revés. Un líder servidor se enfoca principalmente en el crecimiento y el bienestar de personas y sus comunidades, mientras que el liderazgo tradicional generalmente implica la acumulación y el ejercicio del poder por parte de uno en la cima de la pirámide. Jesús fue el siervo líder más perfecto que jamás haya existido.

*"15 Al atardecer se le acercaron sus discípulos y le dijeron: —Este es un lugar apartado y ya se hace tarde. Despide a la gente, para que vayan a los pueblos y se compren algo de comer. 16 —No tienen que irse —contestó Jesús—. Denles ustedes mismos de comer. 17 Ellos*

*objetaron:*
*—No tenemos aquí más que cinco panes y dos pescados. 18 —*
*Tráiganmelos acá —les dijo Jesús. 19 Y mandó a la gente que se*
*sentara sobre la hierba. Tomó los cinco panes y los dos pescados y,*
*mirando al cielo, los bendijo. Luego partió los panes y se los dio a los*
*discípulos, quienes los repartieron a la gente. 20 Todos comieron hasta*
*quedar satisfechos, y los discípulos recogieron doce canastas llenas de*
*pedazos que sobraron. 21 Los que comieron fueron unos cinco mil*
*hombres, sin contar a las mujeres y a los niños."*
*(Mateo 14:15-21 NVI)*

Cada milagro que hizo Jesús tenía un propósito y una lección. En este milagro donde Jesús alimentó a los 5000, hay algunas lecciones de verdadero liderazgo de servicio que podemos aprender.

Como líderes, estamos guiando a personas con necesidades, como en el versículo 15: "Despedid a la multitud, para que vayan a las aldeas y compren ellos mismos algo de comida." Los seguidores de Jesús necesitaban comida en ese punto. Los líderes servidores entienden que las personas tienen necesidades, necesidades de salud, necesidades emocionales, necesidades de relación y mucho más. Cada persona que diriges tiene una necesidad. Como un líder sirviente, identifica las necesidades de tus seguidores y ayúdelos a encontrar una solución. Algunas personas pueden necesitar salvación o ayuda física, algunas necesitan curación emocional, mientras que algunos solo necesitan ser motivados.

Debemos señalar a las personas a Cristo, quien puede satisfacer sus necesidades, como en el versículo 15: "Los discípulos se le acercaron y le dijeron: 'Este es un lugar remoto, y ya se está haciendo tarde." La característica número uno de una secta es cuando el líder es la persona principal y el punto de enfoque. En el cristianismo, nuestro enfoque es Cristo, el autor y consumador de nuestra fe. Reenvía las necesidades de tus seguidores a Jesús a través de la oración. Un buen líder servidor es un buen intercesor. No tienes todas las respuestas para las necesidades de las personas; solo Dios puede satisfacer sus necesidades. No descarte el impacto de la oración en ninguna situación.

Dios espera que tu como líder des. Versículo 16: "Jesús respondió: 'No necesitan irse. Les das algo de comer'". Esta dispuesto a dar sus recursos, donar dinero y ser hospitalario. A veces se te puede pedir que te sacrifiques y des tu tiempo a tu líder principal, ministerio y las personas que tu lideras. La multiplicación de la comida tuvo lugar a medida que la distribuían en las manos de los destinatarios. Dios es Jehová Jireh; El siempre provee para su pueblo. Confía en Dios para la multiplicación en tus recursos. Mi mentor, el Dr. Moses Shipalana, solía aconsejarme que, si yo me ocupo de los asuntos de Dios, Dios se ocupará de mis negocios. Ninguna cantidad de ofrendas y sacrificios por el reino es en vano.

No seas extravagante; sé responsable. Versículo 20: "Todos comieron y se saciaron, y los discípulos recogieron doce canastos de pedazos quebrados que sobraron." deberías tener sistemas de responsabilidad financiera claras. Se un buen administrador de las finanzas de la gente. Recuerda, cada centavo cuenta. Gastar dinero solo en lo que el ministerio necesita. Dios provee más sobras cuando somos fieles en lo poco que recibimos. Él es un Dios de más de suficiente. Una vez que las personas detectan o perciben cualquier forma de mala administración, dejarán de dar. Se transparente con las finanzas de la gente. No le des a la gente ninguna razón para dudar de ti.

Aprende a delegar en otros. Verso 18: "Entonces él los dio a los discípulos, y los discípulos se los dieron al pueblo". No intentes ser una superestrella y hacer todo por ti mismo. Enseñar a otros, anímelos a tomar clases sobre elaboración de presupuestos, redacción, minutos, manteniendo registros. Si es necesario mejorar las habilidades de su liderazgo, anímelos y envíelos a la escuela o instituciones donde puedan adquirir las habilidades que necesitan. Puede enviarlos a escuelas de computación, seminarios de liderazgo y conferencias, colegios o universidades. Las personas se desempeñan mejor cuando están equipados. Capacite y enseñe a otros a hacer lo que usted estás haciendo. Pablo tuvo a Timoteo, Moisés tuvo a Josué y Elías tuvo Elíseo. ¿A quién estás entrenando para hacer lo que estás haciendo?

Cuenta el costo: los números importan. Verso 21: "El número de los que comieron fueron como cinco mil hombres, sin contar las mujeres y niños." Los números son importantes; deberían convertirse en tus amigos. Los números no mienten, y solo en este pasaje encontramos los números siguientes: 5000 hombres, 2 peces, 5 panes, 12 apóstoles, y doce canastas. Conoce tus números para ser un buen líder. Tú no puedes manejar lo que no puedes contar. No seas alérgico a los números. La Biblia está llena de números desde Génesis hasta Apocalipsis, y en realidad, incluso hay un libro que está dedicado a "Números" porque los números le importan a Dios. Algunos líderes son alérgicos a números, pero los números funcionarán a su favor. Tienes que saber cuántos miembros tienes, cuantos fueron salvos en tu cruzada o avivamiento, cuanto es tu ingreso mensual.

Cuente el costo y sepa cuánto costaría construir el siguiente auditorio o edificio infantil. Presupuesto, números y contabilidad son inevitables en el liderazgo. El rey no va a la guerra sin comprobar si tiene suficientes soldados para luchar contra sus enemigos.

Cuando Jesús alimentó a 5000 hombres, mostró al verdadero Liderazgo de Siervo en práctica. Este es el ejemplo que Él ha puesto para cada líder a seguir.

## Este Disponible

Estar disponible significa que eres accesible cuando sea necesario. Cuando tu pastor te necesite, debes estar disponible. ¿Estás disponible para Dios cuando sea, donde sea y como sea que Él te guíe y te dirija?

Samuel es un profeta que desempeñó un papel clave en la transición desde el período de los jueces bíblicos hasta la institución de un reino bajo el rey Saúl. Volvió a ayudar en la transición de Saúl al rey David. *"El Señor llamó a Samuel y él respondió: 'Aquí estoy yo."* (1 Samuel 3:4 NVI) Samuel fue usado poderosamente por Dios porque se puso a disposición. Cuando Dios nos llama a hacer algo para Él, ¿obedecemos o fingimos ignorancia? ¿Estamos disponibles o damos excusas?

Está disponible para ayudar a otros miembros de tu iglesia u organización cuando te necesiten. Es tu responsabilidad como líder ayudar a sus miembros a ver su potencial, usar los dones que Dios les ha dado, y crezcan en su liderazgo. Tu objetivo no es reclutamiento; es comenzar una relación. Conoce a los miembros de tu iglesia. Haz buenas preguntas y escucha sus respuestas. Aprende sobre sus familias, trabajos, pasiones y pasatiempos. Después, ayúdelos a comprender los roles que tiene tu iglesia que se ajustan a sus pasiones y dones. Algunos líderes descuentan automáticamente asistentes en su iglesia porque piensan que no están interesados en servir o no tienen el tiempo. Pregúntales de todos modos.

A muchas personas les encantaría servir y están esperando que se lo pidan. Es importante apreciar a tus voluntarios, ya sea cara a cara, en un mensaje de texto, en las redes sociales o en una nota manuscrita. Agradezca a su equipo de voluntarios.

## Se Enseñable

Nadie sabe todo en la vida. Debemos tener hambre y sed de conocimiento y estar dispuesto a aprender y crecer. Es tan alentador trabajar con alguien que está abierto y dispuesto a ser enseñado. Puedes saber si alguien es enseñable por cómo responde a las cosas que tratas de impartirle. Una de las más grandes decepciones es cuando tratas de trabajar con alguien que cree que lo tiene todo resuelto. Las personas que tienen un espíritu enseñable admiten que no lo saben todo. Ellos hacen todo lo posible para buscar información de las Escrituras, personas u otras fuentes como libros. Siempre tienen un sentido de curiosidad; Ellos quieren aprender y crecer. También están dispuestos a transformar su vida en base a la nueva información que adquieren. Algunas personas simplemente tienen mucha información sin transformación. Los líderes deben permitir que la palabra de Dios los cambie. Un líder de aprendizaje es un líder en crecimiento. Los grandes líderes son grandes lectores. Si no lees engañarás a la gente.

Los líderes en crecimiento son fieles, disponibles y enseñables. Que Dios nos ayude a ser FDE, permanecer fieles a Él y a Su Palabra, y nos anime a estar disponibles y ser enseñables.

# Capítulo 20
# Mantén un Espíritu Positivo

*Y ahora, amados hermanos, una cosa más para terminar. Concéntrense en todo lo que es verdadero, todo lo honorable, todo lo justo, todo lo puro, todo lo bello y todo lo admirable. Piensen en cosas excelentes y dignas de alabanza.*
*(Filipenses 4:8 NTV)*

Se un cumplido, no un competidor para tu líder. Inyecta una influencia positiva en la iglesia. Las personas más difíciles con quien trabajar en cualquier organización son personas sin una visión y aquellos con una agenda oculta. Estas personas siempre serán negativas sobre cualquier cosa que haga su líder; ellos se quejarán de todo, desde su sermón hasta el color de la alfombra. No seas un quejoso constante. Las personas negativas intentan influir en otros para que sean como ellos: el espíritu de desobediencia es contagioso. En la vida, probablemente atraeremos a personas como nosotros, y nos encanta estar rodeados de ellos. La miseria ama compañía, por lo que sabemos que la gente miserable siempre será atraída el uno al otro.

Es peligroso ser el que siempre se queja y es desagradecido. En Números 16:32, la Biblia habla de los Israelitas que murmuraban, y finalmente Dios abrió la tierra para tragarlos vivos. Aquello en lo que tu mente se detiene le importa a Dios. Si tu mente está centrada en buenos pensamientos, tendrás un espíritu positivo; sin embargo, si te obsesionas con los pensamientos negativos, tendrás un espíritu negativo.

Un espíritu positivo es contagioso. Influirás mucho en personas siendo solidarios y positivos. La gente siempre quiere ser parte de algo significativo e inspirador.

Cuando la gente te encuentra, detectan tu actitud. Bernabé se destacó en la iglesia joven porque tenía el espíritu de ánimo. Además, buscaba el bien en las personas. Cuando otros tenían miedo de confiar en Saúl, él los instó a dar el antiguo enemigo de la iglesia una oportunidad. Más tarde, Juan Marcos desertó un viaje misionero. Bernabé abrió un camino para el joven para reincorporarse a la obra misionera de nuevo. Frente a las preocupaciones de los cristianos en Jerusalén acerca de aceptar a los gentiles, Bernabé animó su aceptación. En todos los sentidos, él era todo lo contrario de las formas de autopromoción de Diótrefes. Ruego que tengamos más gente con el espíritu positivo de Bernabé en la iglesia.

Pablo comienza diciéndonos que la mejor manera de desarrollar un espíritu positivo es tener una actitud positiva hacia nuestros líderes espirituales, los que trabajan duro entre nosotros, los que sacrifican su tiempo y energía para servir al Señor. Debemos respetar, honrar y animarlos en lo que hacen para Dios.

Pensar positivo, hablar positivo y actuar positivo será de gran ayuda para el ministerio y para tu líder. El libro de Josué nos anima a meditar la palabra de Dios día y noche. Al meditar en la palabra, podemos identificar tres claros modelos para desarrollar una actitud positiva de la manera que Dios quiere. Pensaremos positivamente porque nuestros pensamientos son significativos en formando nuestra actitud ante la vida. Hablar positivamente porque hay poder en la lengua. Necesitamos mantener la palabra de Dios en nuestra boca haciendo afirmaciones positivas y confesiones de fe que son bíblicamente sano. Cuando hagamos de esto un hábito, nos sorprenderemos en cómo pueden cambiar positivamente nuestra actitud hacia la vida.

Entonces actuaremos positivamente. Nuestras vidas y comportamientos se basan en nuestros sistemas de creencias. Es importante que no seamos meros oidores de la palabra sino ir un paso más allá y hacer las cosas que hemos escuchó. La fe sin obras está muerta; nuestras vidas deben ser un verdadero reflejo de nuestra fe.

# Capítulo 21
# Comunícate con tu Pastor

*A los necios no les interesa tener entendimiento;*
*solo quieren expresar sus propias opiniones. (Proverbios 18:2 NTV)*

La comunicación no es un monólogo sino un diálogo. La comunicación implica la codificación y decodificación de un mensaje. La comunicación efectiva consiste en transmitir un mensaje a otra persona, pero para que sea eficaz, el destinatario debe entender el mensaje y responder. Al comunicarse, mejor que puedes hacer es escuchar más de lo que hablas. El mejorar tus habilidades de comunicación conducirán a mejores relaciones y crecimiento del ministerio. El crecimiento de la relación es directamente proporcional a tus habilidades de comunicación. Cuanto más y mejor comuniques más crecerán tus relaciones. Jesús constantemente se comunicó con sus discípulos. Él siempre decía: "El que tiene oídos que oiga". Quería asegurarse de que sus discípulos dominaran las habilidades de escuchar, porque sin esa habilidad no podrían comprenderlo. Aquí hay algunas cosas que debes recordar cuando te comuniques con tu pastor u otras personas.

## Comunícate en su idioma

Siempre es recomendable entender la personalidad de tu pastor y preferencias en cuanto a su estilo de comunicación. pregúntale cómo prefiere estar informado o mantenerse al tanto de lo que está pasando en su comité o ministerio. Puede programar semanalmente o reuniones mensuales, dependiendo de su horario. Cuanto más se reúnan, más sincronizados estarán en el ministerio. algunos pastores prefieren las llamadas telefónicas, y algunos están de acuerdo con los mensajes de texto, mientras que otros prefieren las reuniones en persona. Si tu pastor prefiere una llamada telefónica, toma el teléfono y llama. La forma en que te comunicas con él podría ser una manera de honrar a tu pastor. Intercambia tus puntos de vista y consejos con él tan a menudo como sea posible. Vas a entender mejor su visión cuando te comuniques. La visión no se enseña, sino que se capta. Comparte ideas útiles en beneficio de la iglesia o ministerio. Se abierto y comunícate con tu pastor acerca de tu debilidad o la debilidad de tu ministerio para que pueda ayudarte siempre que lo necesites. Pregúntale o comunícate con él sobre su visión y misión para la iglesia.

## Mantén a tu pastor informado

Tu pastor necesita saber lo que está sucediendo en la iglesia. Él necesita saber incluso esas cosas que crees que no le importan, sobre todo en una situación en la que algo salió mal.

Cualquier cosa que suceda en el ministerio que tu supervises, tu pastor debe escucharlo de ti primero como su líder más cercano. Obtén toda la información que puedas e informarle de inmediato. En caso de que cometas un error, se el primero en hacérselo saber. Nadie más debe revelarle al pastor lo que tu debes revelarle. Él es el líder de la congregación, por lo que debe tener una visión general de los entresijos de su iglesia.

Hazle saber a tu pastor que entiendes que él es un ser humano. A veces puede cometer errores. Si tu pastor sabe que lo apoyarás a pesar de sus defectos, definitivamente será seguro que puede contar contigo. Nunca guardes secretos de tu pastor. Si escuchas algo que podría ser negativo para la iglesia o dañar el ministerio, hazlo saber al pastor para que pueda tomar cuidado de ello.

Nunca digas cosas negativas sobre tu pastor. Si tienes un problema con tu pastor, hable con él directamente. La mayoría de los pastores aprecian que te comuniques con ellos directamente en lugar de cotillear sobre ellos. En caso de que no se sientas cómodo, siempre es recomendable llevar a alguien contigo. Chismear sobre tu pastor no te ayudara a resolver la situación. No cometas el error de pensar que tienes toda la información. No importa cuánto sepas sobre una situación, es posible que no tengas todos los datos. La comunicación es la única forma de obtener toda la información que necesitas. En realidad, nos confiamos en un conjunto sesgado de procesos cognitivos para llegar a una determinada conclusión o creencia. Esta tendencia natural a elegir cuidadosamente y torcer los hechos para que encajen con nuestras creencias existentes se conoce como razonamiento motivado, y todos lo hacemos.

En la vida, tomamos decisiones basadas en la información que tenemos. Tus haces mejores juicios y decisiones cuando tienes toda la información. Nunca asumas que siempre tienes la razón y todos los demás están equivocados. Si su pastor está involucrado en algo pecaminoso, inmoral o ilegal, siga las políticas de su iglesia y procedimientos para que pueda involucrar a las personas o autoridades pertinentes. En todos tus esfuerzos, haz lo mejor que puedas para avanzar hacia la reconciliación y restauración a través de las normas bíblicas.

# Capítulo 22
# Recibe las Advertencias Con Gracia

*Para aprender, hay que amar la disciplina; es tonto despreciar la corrección. (Proverbios 12: NTV)*

*Al día siguiente, Moisés tomó asiento para escuchar las disputas del pueblo. Unos contra otros. Esperaron ante él desde la mañana hasta la tarde. 14 Cuando el suegro de Moisés vio todo lo que Moisés estaba haciendo por el pueblo, preguntó: "¿Qué realmente estás logrando aquí? ¿Por qué estás tratando de hacer todo esto solo mientras todos se paran a tu alrededor desde mañana hasta la tarde? 15 Moisés respondió: "Porque la gente viene a mí para obtener una decisión de Dios. 16 Cuando surge la disputa, vienen a mí, y yo soy el que resuelve el caso entre las partes en disputa. Yo informo al pueblo de los decretos de Dios y darles sus instrucciones." 17 "¡Esto no es bueno!" El suegro de Moisés exclamó la ley. (Éxodo 18:13-17)*

Llegará un momento en que necesitarás ser corregido. Todos cometemos errores, y usted debe estar dispuesto y lo suficientemente humilde para ser corregido. Cuando su pastor trate de corregirlo, tómelo con un espíritu bueno y positivo. Quiere verte ganar y triunfar. Tu pastor no es tu enemigo; él no está esperando tu caída ni falla. Él quiere corregirte porque te ama. El problema es que, en la mayoría de los casos, luchamos tanto con el orgullo que es difícil recibir las correcciones con amabilidad. la gente acepta correcciones con desconfianza y sospecha.

Éxodo 18 nos ayuda a entender que Dios es tan bondadoso, Él hace que Jetro y Moisés nos dan un ejemplo de lo que es una corrección humilde parece en ambos lados. Moisés siguió el consejo de Jetro, su suegro que ni siquiera

era judío, sino madianita. La mayoría probablemente ni siquiera creía en Jehová, el Dios de Israel. Moisés fue lo suficientemente humilde para recibir correcciones de Jetro. Dios puede usar a cualquiera en nuestras vidas para ayudarnos o corregirnos. Nosotros debemos abordar cada situación con una mente abierta y voluntad de ser corregidos. Podemos aprender algo de cualquier persona con quien entramos en contacto en la vida.

A la mayoría de las personas les resulta tan difícil recibir correcciones porque rara vez se entrega de una manera o contexto agradable. La otra razón podría ser que la persona que entrega las correcciones podría ser defectuoso, tal vez incluso peor que ellos. Algunas veces la gente no recibe correcciones por inseguridad, baja autoestima y autoengaño. Es raro escuchar las siguientes palabras cuando se corrige a una persona, "Muchas gracias, lo necesitaba." En cambio, la gente se enfada, se ofende, se pone a la defensiva y empieza a atacar al mensajero.

Es aconsejable resistirse a estar a la defensiva y argumentar; eso no es una cosa sabia de hacer. Usted puede encontrar que hay algo de verdad en lo que dice la otra persona. Incluso un reloj roto tiene razón dos veces al día. Todos tenemos algunos puntos ciegos en nuestras vidas. No toda la corrección puede ser completamente cierta o necesaria; sin embargo, casi todos tienen un núcleo de verdad. Es recomendable pulsar el botón de pausa y aprender algo de la conversación. Los sabios permiten correcciones para crecer.

Esto también podría ser aplicable en sus relaciones personales. Tal vez la razón por la que estás luchando con tu relación podría ser que no escuchas cuando tu cónyuge trata de aconsejarte. Como líder, tienes que liderar incluso en la corrección porque no es fácil llevar a otros a lugares a los que no has ido. Si no puedes ser corregido sin ofenderte, nunca crecerás en la vida. Grandes y ejemplares líderes reciben las correcciones con sabiduría y humildad, dando un poderoso ejemplo a sus seguidores.

# Capítulo 23
# Se Un Líder Ejemplar

*No permitas que nadie te subestime por ser joven. Sé un ejemplo para todos los creyentes en lo que dices, en la forma en que vives, en tu amor, tu fe y tu pureza. (1 Timoteo 4:12 NTV)*

El carácter de un líder debe ser ejemplar, de lo contrario, se socava la credibilidad, y perderá el respeto de aquellos que se supone que lo siguen. Pablo anima a Timoteo a ser un líder ejemplar en su forma de comportarse y relacionarse a otros. Tus seguidores están interesados en ir donde tú has ido antes. Llévalos donde has estado y hazles saber qué te llevó allí. Si hay un proyecto que el pastor quiere que toda la iglesia se involucre, sea el primero en hacerlo. La gente aprende con tu ejemplo. Deja que te vean hacerlo; Déjalos verte apoyando a tu pastor. Tus acciones hablan mucho a los miembros. Tienes que liderar con el ejemplo incluso en las reuniones de oración, campañas de construcción, campañas de evangelización o cualquier programa que necesita la participación de la gente. Aunque no estés programado en el programa, solo está allí y bríndele apoyo; tu presencia es una motivación para los demás. Se llama el ministerio de la presencia.

## Comparte a Cristo y tu iglesia con otros

*"¡Nazaret! ¿Puede salir algo bueno de allí? Nataniel preguntó. "Ven y mira", dijo Felipe. (Juan 1:46)*

Nuestro mandato número uno como cristianos es compartir las buenas nuevas con los incrédulos. La instrucción final que Jesús nos dio fue la gran comisión. Compartir el evangelio debe ser el principal enfoque para la iglesia y todos los cristianos. Compartir el evangelio es la única actividad que tiene valor eterno. A veces solo necesitamos invitar a la gente a la iglesia con la esperanza de que escuchen el evangelio y acepten a Cristo como su Señor y Salvador personal. No necesitan ser teólogo para compartir el evangelio. Tú puedes hablar como la mujer samaritana que creyó en Jesús y rápidamente fue a invitar a otros. Ella no tenía capacitación teológica; su único mensaje fue "Ven y verás". Juan 4:29

Felipe no pudo convencer a Nataniel de que Jesús era el Mesías; sus únicas palabras de invitación fueron: "Ven y ve". Jesús no nos envió a discutir con la gente hasta que se arrepientan, sino dijo que debemos ir y predicar el evangelio. El Espíritu Santo es el único que es responsable de convencer a la gente para que venga a Cristo. Hazle saber a la gente acerca de tu iglesia y comparta tu testimonio de cómo Dios ha usado tu iglesia para cambiar tu vida, tu familia y otras personas. Se un embajador de Cristo y tu iglesia.

Anima a otros miembros de la iglesia a invitar a sus amigos, colegas y familias a tu iglesia. Las invitaciones personales son más eficaces que las redes sociales, la publicidad y otras formas de comercialización combinada. Ora por las personas que invitas a la iglesia; Hay poder en la oración. Una iglesia que tiene una cultura de invitar tiene más posibilidades de crecer que una iglesia tranquila. Las personas que van normalmente se sienten mucho más cómodo asistiendo a una nueva iglesia cuando ya conocen a alguien allí.

# Capítulo 24
# Como Aumentar Tu Valor en Tu Organización

*Porque de tal manera amó Dios al mundo, que dio a su Hijo unigénito, para que todo aquel que en él cree, no se pierda, sino tener vida eterna. (Juan 3:16 RV)*

*¿Qué es el hombre para que te acuerdes de él, y el hijo del hombre que lo visitas? (Salmo 8:4)*

Quisiera aclarar que ante Dios todos tenemos el mismo valor; Dios nos ama a todos por igual. Juan 3:16 es muy claro que somos todos amados por Dios, sin importar nuestro origen o lo que hagamos pasado en la vida. Tienes un gran valor ante Dios y sabes que Él siempre te amará. El salmista también es muy claro en que Dios siempre piensa en nosotros, todos tenemos valor ante Dios. Como seres humanos, no podemos aumentar o disminuir nuestro valor antes Dios. El valor al que nos referimos en este libro es el valor de las perspectivas de las personas y demanda de tus servicios, ayuda y personalidad. Todos tenemos el mismo valor ante Dios. Sin embargo, la gente no tiene la misma demanda para nosotros. Algunas personas tendrán una mayor demanda de ti que otros. La perspectiva que la gente tenga de ti depende sobre cuán útil eres para ayudar a sus organizaciones, familias, ministerios, y sus vidas crecen al siguiente nivel. Tienes mayor valor para las personas que te necesitan que para las que no. La gente te valorará por tus habilidades de liderazgo, conocimiento, logros, personalidad y por cómo los ayudas a crecer cuando están a tu alrededor.

Ojalá que esto ayude a aclarar el propósito del capítulo sobre cómo aumentar tu valor.

La primera pregunta podría ser: ¿Qué significa ser una persona valiosa, líder, pastor, maestro, ministro, esposo, esposa, niño, o empleado? Merriam-Webster define ser valioso como que tiene características o cualidades deseables o estimadas. Esto significa ser de gran utilidad o servicio en la comunidad, ministerio, o cualquier organización. En la vida, puedes hacerte más valioso a personas, iglesias o cualquier organización a la que estés vinculado si haces conscientemente algunos ajustes y cambios relevantes. En cualquier organización o mundo corporativo, solo puedes ascender la escalera corporativa haciéndote más valioso. Puedes también fortalecer tus relaciones y hacer que duren más al hacerte más valioso y necesario.

Puedes agregar valor a la cadena de valor o a los sistemas de la organización o institución a la que estás vinculado en este momento por el tipo de contribución que haces a su crecimiento. Deberías constantemente hacerte esta pregunta: "¿Qué valor estoy agregando a esta familia, relación, comité u organización?" Las personas exitosas se vuelven valiosas e indispensables en sus organizaciones haciéndose relevantes y necesarios. En esta sección, nos enfocamos en cómo puedes hacerte valioso a través de la educación y el desarrollo personal. Tener un trabajo que amas puede ser bastante satisfactorio; sin embargo, si deseas ascender en tu carrera, liderazgo, o ganar mayor seguridad laboral hasta que nadie quiere deshacerse de ti, tienes que hacerte inestimable.

## Mira Valor En la Educación

*Además, el rey le ordenó a Aspenaz, jefe de los oficiales de su corte, que llevara a su presencia a algunos de los israelitas pertenecientes a la familia real y a la nobleza. 4 Debían ser jóvenes apuestos y sin ningún defecto físico, que tuvieran aptitudes para aprender de todo y que actuaran con sensatez; jóvenes sabios y aptos para el servicio en el palacio real, a los cuales Aspenaz debía enseñarles la lengua y la literatura de los babilonios. 5 El rey les asignó raciones diarias de la comida y del vino que se servía en la mesa real. Su preparación habría de durar tres años, después de lo cual entrarían al servicio del rey. (Daniel 1:3-5 NVI)*

Daniel y sus amigos Sadrac, Mesac y Abednego eran esclavos en Babilonia. El rey Nabucodonosor quería que ellos vinieran y sirvieran en su palacio. Estos jóvenes eran naturalmente dotados; sin embargo, el rey quería asegurarse de que antes de que podían venir y servir, primero tenían que ir a la escuela. Como cualquier grado toma un promedio de tres años, el rey quería que ellos aprendieran durante tres años. La razón por la que Jesús pasó tres años con sus discípulos es que en promedio toma cerca de tres años para entrenar a una persona en una determinada disciplina. Universidades y colegios también llaman estas áreas de las disciplinas de aprendizaje. Después de tres años en la disciplina/facultad o programa universitario, serías capacitado como maestro, ingeniero, farmacéutico, agrónomo o cualquier profesión de tu elección. Si tres estudiantes se gradúan de la misma preparatoria la escuela podría asistir a la misma universidad, pero elegir diferentes carreras, como farmacia, educación o agricultura, todas irían a través de diferentes programas académicos. Después de tres años de estar en diferentes disciplinas, se graduarían con diferentes perspectivas de la vida y la naturaleza. Cuando miran la misma planta, no todos ven lo mismo. Un maestro puede ver un ayuda en la enseñanza, el farmacéutico puede ver la medicación, y el agricultor puede ver su fruto. El propósito del discipulado es ayudar a una persona a ver la vida de manera diferente.

El rey Nabucodonosor sabía y comprendía el valor de educación. Para que una persona sea valiosa en cualquier organización, la educación juega un papel fundamental. Necesitamos gente educada en nuestros gobiernos, ministerios, iglesias, organizaciones y comunidades Si deseas poder aportar un valor real al ministerio, no socaven el valor de la educación. Antes que ellos podían servir en el palacio, el rey Nabucodonosor quería que ellos consiguieran un poco de educación primero.

Pablo lo expresó muy claramente en 2 Timoteo 2:15 (RV): *"Estudiad para mostrar ante Dios aprobado, como obrero que no tiene de qué avergonzarse, usando bien la palabra de verdad."* Hizo hincapié en la necesidad de Timoteo a estudiar mientras entraba en el ministerio. Sí, Daniel, Sadrac, Mesac, Abed-nego y Timoteo fueron ungidos, superdotados y muy inteligentes, pero aún necesitaba educación. Dios los designó para deberes y responsabilidades específicas en el ministerio y en gobierno; sin embargo, todavía necesitaban educación para poder aprender sobre liderazgo, ministerio, sistemas de gobierno y protocolos.

Tuvieron que afilar sus hachas y habilidades para ser más eficaces. Al estudiar y aprender, aumentaban su valor. Solo porque somos salvos y llenos del Espíritu Santo no nos hace automáticamente valiosos en la educación, sistemas políticos, de mercado, tecnológicos y financieros que gobiernan nuestro mundo. No importa cuán inteligente, dotado o hábil seas, siempre habrá alguien mejor, más hábil, más conocedor e inteligente que tú. Toma la decisión de aprender de aquellos que saben más que tú. Dios siempre traerá personas a tu alrededor, y algunos serán más inteligentes y mejor-informados que tú. Tienes que hacer un esfuerzo consciente para rodéate

de gente que sepa más que tú. De hecho, si eres la persona más inteligente en la sala, no te sientas orgulloso; estás en la habitación equivocada. Deberías ir a la habitación con personas que son más conocedoras, más inteligentes, educadas y más sabias que tú. Hay tantos beneficios de rodearte de personas que son más inteligentes que tú. Permitir otras personas para desafiar su forma de pensar, sus sistemas de creencias y su inteligencia de manera positiva. Todos tenemos la capacidad de aprender y crecer. Si te comprometes a pagar el precio necesario, puedes aprender cualquier cosa que quieras lograr en la vida. Los cristianos no debemos ser alérgicos a la educación; como cristianos, debemos tener hambre y deseo de conocimiento. *"Un corazón inteligente adquiere conocimiento, y el oído de los sabios busca el conocimiento."* (Proverbios 18:15ESV)

Cuando eres educado, tienes más oportunidades en la vida. En promedio, ganas más dinero que una persona sin educación. La mayoría de las organizaciones te preferirían a ti que, a una persona sin educación, y tu calidad de vida seria comparativamente mucho mejor que una persona sin educación. Las personas educadas tienen más y mejores oportunidades que la gente sin educación. En la mayoría de las industrias, las personas educadas ocupan puestos más altos que las personas sin educación. Las personas educadas toman decisiones más informadas que gente sin educación. Para hacerte más valioso, mejorar continuamente sus habilidades a través de la educación. Tu educación es tu responsabilidad; nadie más es responsable de tu desarrollo. La educación puede ser formal o informal; puedes aprender del salón de clases o de la vida fuera del salón de clases. Es importante mantener el deseo de aprender y perfeccionar tu oficio, ya sea adquiriendo nuevas habilidades, buscando continuar educación, asistir a seminarios y conferencias, o incluso simplemente leer libros, revistas y diarios relacionados con tu tema. Además de tener valiosas habilidades y experiencia, es importante comportarse y mantener una actitud que te convierte en un ingrediente clave del éxito de la organización, ministerio o empresa.

## Nunca dejes de aprender

*Mi pueblo fue destruido por falta de conocimiento; porque tú tienes conocimiento rechazado, te rechazo de ser un sacerdote para mí. Y como te has olvidado de la ley de tu Dios, yo también olvidará a sus hijos. (Oseas 4:6 NVI)*

Muchos sueños, visiones, relaciones o incluso organizaciones han muerto por ignorancia o falta de conocimiento. En la vida es muy difícil progresar o tomar decisiones acertadas sin información y conocimientos relevantes. Nuestras decisiones son tan buenas y útil como la cantidad de conocimiento que poseemos sobre cualquier situación. Cuanta más información tengamos sobre una situación, tomaremos más y mejores decisiones informadas. Los presidentes quieren asegurarse de que tengan sesiones informativas diarias con sus ministros o jefes de departamentos para que siempre tengan información actualizada. Esto les ayuda a hacer decisiones acertadas, sinterizadas y bien sintetizadas. Dios dice que la falta de conocimiento resultará en una falta de progreso en la vida. Si crees que la educación es cara, prueba con la ignorancia. En la mayoría de los casos, pagamos por nuestra ignorancia en la vida.

Una mañana mi vecina no podía encender su auto. Ella intentó todo lo que sabía, pero el coche no arrancaba. Ella entonces decidió que un mecánico de nuestro vecindario viniera y arreglara el coche. El mecánico vino y abrió el capó, tocó algunos cables, luego le pidió a la señora que encendiera el auto. Seguro que el auto arrancó, luego le cobró $100. Ella se sorprendió de que él le cobrara tanto para un problema que no tomó ni tres minutos para resolver. Estuvo muy preocupada toda la semana. Un día ella decidió llamarlo y preguntarle cuál era el problema con el coche. Él francamente le dijo que los terminales de la batería estaban sueltos, así que él los apretó. Mientras ella estaba lidiando con el shock, él le dijo: "Le cobré solo $5 por apretar los terminales sueltos; sin embargo, le cobré $95 por saber dónde estaba el problema. En la vida, pagamos mucho por la ignorancia. Si tuviéramos conocimiento, no pagaríamos por muchas cosas y servicios por los que pagamos todos los días. La ignorancia o la falta de conocimiento es más cara que la educación. Imagínese cuánto se habría ahorrado si aprendiste y supiste hacer muchas cosas por ti mismo.

La única razón por la que pagamos a los mecánicos o electricistas para que arreglen nuestros autos o sistemas eléctricos es que no sabemos cómo arreglarlos. Una vez que sabemos cómo solucionar el problema o una situación, no tiene que pagarle a alguien para que lo haga por nosotros. Todos los problemas son un problema de la brecha de conocimiento. Cuando tenemos un problema siempre decimos: 'No sé qué hacer'. Una vez que sepamos qué hacer, entonces el problema está resuelto. La educación nos ayuda a ser más conocedores de un tema en particular. Recuerda, nunca serás lo suficientemente educado.

Cuando aprendí a usar hojas de cálculo de Excel allá por finales de los 90, cuando Microsoft acababa de presentar su Sistema Operativo Windows, uno de mis instructores dijo algo que yo nunca olvidaré. Él dijo: "Abraham, todo lo que haces en Excel o cualquier programa de computadora, siempre hay una manera mejor y más rápida de hacerlo." Eso se quedó conmigo hasta hoy. Yo uso el mismo principio en mi manera de pensar y de vivir. Siempre hay una mejor forma de hacer cualquier cosa en la vida; mi responsabilidad es seguir encontrando esa mejor manera a través de la educación y el desarrollo.

*"Todos los días continuaban reuniéndose en las cortes del templo. Partieron el pan en sus casas y comieron juntos con corazones alegres y sinceros."* (Hechos 2:46 NVI)

La iglesia primitiva entendió el valor del encuentro continuo, crecimiento y aprendizaje. Se reunían continuamente y aprendieron unos de otros porque entendieron que para para ser de valor en la iglesia, tenían que crecer en el conocimiento de la palabra de Dios. En la industria manufacturera, se le llama CIP o CI (proceso de mejora continua). Este es un proceso continuo para mejorar los productos, servicios o procesos. Estos esfuerzos pueden buscar una mejora "incremental" con el tiempo o mejora "revolucionaria" de una sola vez. Todos deberíamos comprobar las áreas de nuestras vidas y organizaciones donde necesitamos CIP. Hagas lo que hagas en la vida, no has llegado al techo o pináculo del conocimiento; siempre hay margen de mejora. Siempre hay una mejor manera de hacerlo. Una vez entrevisté a un candidato que solicitó un puesto en una de las organizaciones a la cual yo estaba apegado. Recuerdo haberle preguntado sobre su conjunto de habilidades en un programa particular que estábamos usando. Le pregunté "En una escala del 1 al 10, ¿cómo clasificaría su nivel de habilidades?" Este nuevo, fresco candidato, que acababa de terminar su maestría en negocios, dijo: "Nueve".

Esa respuesta le costó un trabajo. Cuando evalué su respuesta, me dio la impresión de que sentía que no tenía nada nuevo que aprender. Teniendo en cuenta que ni siquiera tenía experiencia previa de trabajo práctico en este campo, ¿cómo podría calificar mismo a ese nivel? Mucha gente pierde la oportunidad de crecen porque sienten que han llegado. Se convencen ellos mismos que lo saben todo. En la vida, la gente tiene una tendencia a aferrarse a sistemas de creencias y convicciones que funcionan contra su progreso. La Biblia es tan clara acerca de leer continuamente y aprender de la palabra de Dios.

*"Este Libro de la Ley no se apartará de tu boca, sino que meditarás en él de día y de noche, para que cuiden de hacer conforme a todo lo que en él está escrito. pues entonces tu hará prosperar tu camino, y entonces*

*todo te saldrá bien".* (Josué 1:8 NVI)

Si quieres crecer, no te sobrevalores. Ninguno de nosotros somos lo suficientemente educados. Debemos creer en mejora continua, entonces seremos efectivos y valiosos en cada área de nuestras vidas. El crecimiento continuo le ayudará a aumentar su valor.

## Manténgase actualizado con la tecnología y tendencias

Oxford Languages Dictionary define la tecnología como ciencia o conocimiento puesto en uso práctico para resolver problemas o para inventar herramientas útiles. Merriam-Webster define la tecnología como una forma de realizar una tarea, especialmente utilizando técnicas procesos, métodos o conocimientos. La tecnología es una extensión de la mano humana. La tecnología nos ayuda a hacer las cosas más rápido e incluso llegar a lugares y personas a las que no llegaríamos por nuestra cuenta. Eso ayuda a que los procesos se ejecuten más rápido. La forma en que se hacen las cosas hoy no es lo mismo que hace 20 años. Procesos y métodos cambiar tan rápidamente que deberíamos hacer esfuerzos para mantenernos al día con los cambios. Para seguir siendo relevante y valioso, tienes que cambiar con el tiempo.

Recuerde, usted no puede cambiar los principios, pero si los métodos. Como cristianos, no debemos cambiar la esencia del evangelio, pero podemos cambiar la forma en que lo difundimos. Pablo tuvo que usar camellos, barcos, o caminar a diferentes naciones en el calor abrasador del Medio

Oriente para predicar el evangelio. Gastarían muchos días, semanas o incluso meses en el mar mudándose de un país al siguiente. Hoy, puedo volar a cualquier país del mundo dentro de 24 horas gracias a la tecnología. Normalmente vuelo desde Los Ángeles a Johannesburgo en 24 horas. Puedo conducir a ciudades y pueblos mucho más rápido de lo que lo hizo Pablo en el primer siglo. Tecnología y las tendencias de la industria están cambiando constantemente.

Para ser un activo invaluable para tu organización, tienes que aprender continuamente nuevas tecnologías y mantenerte al día con las tendencias. Toma la decisión de que quieres convertirte en la persona favorita para ciertas habilidades en tu organización. Tu conocimiento y habilidades te harán más valioso que aquellos que se niegan a estar al día. Hay algunas grandes compañías telefónicas como Nokia, Ericsson y BlackBerry que se negaron o fueron lentos a hacer la transición y adaptarse a la tecnología de los teléfonos inteligentes. Estas empresas ahora no se encuentran por ninguna parte; sus nombres se volvieron insignificante en la industria de los teléfonos celulares. Su tecnología se ha vuelto obsoleto. No seas como esas empresas. Los empleados valiosos no solo hacen su trabajo, sino que también aumentan su conocimiento y experiencia para prepararse para los desafíos futuros. Si tus habilidades o conocimientos actuales no están mejorando con las tendencias actuales en tu campo, conviértelo en una prioridad principal para mejorar y obtener nuevas habilidades. En el lugar de trabajo de hoy, el trabajo duro y el esfuerzo no son más tiempo para asegurar el éxito o incluso para garantizar la continuación de empleo. Avances en áreas como tecnología, negocios, innovaciones, competencias y necesidades dinámicas de los clientes han empujó a las organizaciones a adaptarse a la nueva forma de hacer las cosas. El logro en el trabajo ya no se trata solo de trabajar más duro sino tener una ventaja competitiva. Ventaja competitiva se refiere a los factores que permiten a una empresa o a un individuo producir bienes o servicios mejores o más baratos que otros en la misma industria. Simplemente podría significar trabajar de manera diferente y garantizar su valor continuo. Fíjese metas y sea auto disciplinado para educarse a si mismo. La clave es mantenerse enfocado y ser deliberado. El crecimiento de tu valor es imprescindible si quieres ser eficaz e influyente en ministerio y la vida en general.

## Algunas sugerencias para educarte y desarrollarte a ti mismo

- Regístrate en una escuela de ministerio, escuela bíblica, universidad, seminario u otra institución de aprendizaje.
- Lee durante al menos media hora todos los días.
- Lee libros y revistas relacionados con el tema área de su interés.
- Manténte actualizado sobre las noticias sobre su tema de interés.
- Enseñe a otros sobre lo que ha aprendido.
- Únase a clubes de lectura.
- Asistir a conferencias y seminarios de desarrollo.

- Regístrese en cursos en línea.
- Encuentre mentores para cada área de su vida.
- Hable con expertos y haga preguntas.
- Leer biografías de leyendas.
- Haga de Google su mejor amigo.
- Use YouTube como su recurso; ver videos que son relevante para su área de interés.
- Asista a cursos a través de su empleador actual.

Como cristianos, debemos desalentar la ignorancia. La razón que algunas personas se aprovechan de algunos cristianos y sus finanzas es que la mayoría de ellos son demasiado perezosos para leer la Biblia y descubrir la verdad por sí mismos. Devociones diarias personales deben ser un deber para todo cristiano. Aprenderás más cuando pasas tiempo con Dios el Padre, el Hijo y el Espíritu Santo que cuando esperas a que venga alguien y prediga tu futuro y llámalo "profecía". Si estás haciendo el mismo trabajo, ministerio, o liderazgo de la misma manera que lo hizo hace dos años, es probable que te estás quedando atrás e irrelevante. Pronto te convertirás insignificante u obsoleto. Puedes aumentar tu valor en la organización aumentando tus conocimientos y habilidades. tu iglesia se beneficiará más si tú te vuelves más valioso. La vida es como andar en bicicleta: En el momento en que dejas de pedalear, pierdes el equilibrio. Para seguir siendo valioso, tienes que seguir aprendiendo. Cuanto más sepas, cuanto más valioso eres. Aceptando el cambio y el aprendizaje de cosas nuevas, demostrarás un impulso por la innovación y un modelo a seguir por otros en la organización.

*"Dad instrucción al sabio, y será aún más sabio; enséñale al justo, y aumentará en saber.* (Proverbios 9:9 NVI)

Debes esforzarte por hacer que el ministerio, la iglesia, el departamento u organización sienta tu influencia mejorando los procesos y métodos y en continuo crecimiento. Todo ser vivo que Dios ha creado crece. Dios te puso en esa posición porque Él quiere que hagas una diferencia en la vida de las personas.

# Conclusión

Dirigir desde la segunda silla significa que todos nosotros podemos ser líderes independientemente de nuestras posiciones. Una vez que entiendas que puedes servir incluso sin un puesto, es tan liberador y te minimiza las luchas internas y las tensiones que existen en la mayoría de las iglesias. Puedes liderar desde el banco, puede liderar como ujier, puedes dirigir como ministro, y usted puede dirigir como maestro de escuela dominical. Una vez que entendemos que el liderazgo simplemente significa influencia, entonces empezamos a entender mucho mejor nuestro papel. El liderazgo no una posición o un título, sino una función. Cualquier cosa que hagas para ayudar al líder senior es parte del liderazgo. El objetivo principal es avanzar el reino y la visión de la congregación local. Todos tenemos un papel que desempeñar. No esperes por una posición; como la vieja canción que dice: "Ilumina el rincón dónde estás."

# Notas

Begg, A. (1996). Pharaoh's Dream from Series: The Hand of God (Volume 1). Sermon Transcript

Blaiklock, E. M. (1965). The Young Man Mark (9-21).

Brooks, M., Stark, J., & Caverhill, S. (2004). Your Leadership Legacy: The difference you make in people's lives. Berrett-Koehler Publishers.

Green, D. (2017). Giving it All Away... and Getting it All Back Again: The Way of Living Generously. Zondervan.

Hill, L. A., & Lineback, K. (2011). Being the Boss: The 3 imperatives for becoming a great leader. Harvard Business Press.

Kouzes, J. M., & Posner, B. Z. (2006). A Leader's Legacy (Vol.101). John Wiley & Sons.

Marxsen, W. (1969). Mark the Evangelist. Nashville: Abingdon.

Maxwell, J. C. (1993). Developing the Leader Within You. Harper Collins.

Maxwell, J. C. (2007). The 21 Irrefutable Laws of Leadership: Follow them and people will follow you. HarperCollins Leadership.

Spangler, A., & Tverberg, L. (2018). Sitting at the Feet of Rabbi Jesus: How the Jewishness of Jesus can transform your faith. Zondervan.

Swete, H. B. (2006). The Gospel According to St. Mark. Wipf and Stock Publishers.

Warren, R. (2012). The Purpose Driven Life: What on earth am I here for? Zondervan

# Autor

El Dr. Abraham Manase viene de Tzaneen, Limpopo en Sudáfrica. Él y su esposa, de más de 25 años, Mihloti, han sido bendecidos con tres hijos: Nsovo (Gracia), Timoteo y Esperar. Durante los últimos 20 años, han estado viviendo en California, donde sirve como anciano ordenado en New Day Christian Fellowship bajo el obispo Tony Dunn. Ha estado sirviendo en ministerio por más de 30 años.

El Dr. Manase obtuvo su B.A. Ed de la Universidad de Limpopo en Sudáfrica, estudios de posgrado en Administración de Empresas de la Universidad de Sudáfrica (UNISA), y su MBA de la Universidad Internacional Hope, Fullerton, CA. Él tiene un título de Doctor en Administración de Empresas de Universidad del Sur de Columbia, Orange Beach, Alabama. Él también es un graduado de la escuela de ministerio Agua de Vida en Fontana. Él sirve en varias juntas locales e internacionales en diversas industrias. Viaja extensamente por todo el mundo haciendo desarrollo y formación de líderes. La ministra internacionalmente a través de sus ministerios semanales de radio y televisión. Actualmente es profesor de liderazgo empresarial en Myrtle Beach Wesleyan College en Myrtle Beach, SC, y es analista mayor de gestión para una organización importante en Orange, CA. www.drmanasase.com.

Made in United States
Orlando, FL
12 July 2024

48880253R00104